Victor Ike Okonkwo

Prática de seguro automóvel na Nigéria

Victor Ike Okonkwo

Prática de seguro automóvel na Nigéria

ScienciaScripts

Imprint

Any brand names and product names mentioned in this book are subject to trademark, brand or patent protection and are trademarks or registered trademarks of their respective holders. The use of brand names, product names, common names, trade names, product descriptions etc. even without a particular marking in this work is in no way to be construed to mean that such names may be regarded as unrestricted in respect of trademark and brand protection legislation and could thus be used by anyone.

Cover image: www.ingimage.com

This book is a translation from the original published under ISBN 978-620-2-02410-5.

Publisher:
Sciencia Scripts
is a trademark of
Dodo Books Indian Ocean Ltd. and OmniScriptum S.R.L publishing group

120 High Road, East Finchley, London, N2 9ED, United Kingdom
Str. Armeneasca 28/1, office 1, Chisinau MD-2012, Republic of Moldova, Europe
Printed at: see last page
ISBN: 978-620-7-74647-7

ESTE LIVRO É
DEDICADO AO
ESPÍRITO SANTO

PREÂMBULO

O seguro automóvel é um dos seguros obrigatórios na Nigéria, especialmente o seguro contra terceiros, que decorre da utilização do veículo na via pública. É o tipo de seguro mais comum na Nigéria e provavelmente o mais conhecido. O ambiente nigeriano tolera práticas que permitem que indivíduos mal informados e vigaristas ofereçam cobertura de seguro automóvel ao lado de companhias de seguros registadas. A ignorância, as expectativas exageradas dos tomadores de seguros em relação às seguradoras automóveis, a decadência moral e a atitude indiferente de muitas partes interessadas em relação ao negócio dos seguros na Nigéria levaram a que esta prática fosse vista com desconfiança.

Muitos estudantes de seguros, gestão de riscos e disciplinas afins nas instituições terciárias nigerianas são desinteressados e têm o esquema de que o seguro automóvel não funciona. Partem do princípio de que as seguradoras de automóveis não pagam os sinistros genuínos quando são devidos.

Tendo em conta os relatórios de situação e o facto de o número de veículos a motor nas estradas públicas estar a aumentar com o crescimento da economia e a expansão da rede rodoviária na Nigéria, é necessária uma abordagem simplificada para educar os estudantes e as mentes curiosas sobre os conceitos e a prática do seguro automóvel. É claro que, sendo todas as coisas iguais, o conhecimento do original atenuará sempre o sucesso das contrafacções.

Este livro é composto por seis capítulos e perguntas de revisão no final do livro. Os capítulos abrangidos são: Introdução ao seguro automóvel; Leis que afectam o seguro automóvel na Nigéria; Documentos do seguro automóvel I; e Documentos do seguro automóvel II. Outros capítulos são: Subscrição e classificação do seguro automóvel; Sinistros do seguro automóvel; e Cartão castanho da Comunidade Económica dos Estados da África Ocidental (CEDEAO).

Na minha busca de conhecimentos, beneficiei de muitas pessoas que influenciaram a minha perspetiva. Agradeço ao falecido P. A. Uzoma, da então British American Insurance Plc, e a Ebo Amaonwu, antigo diretor-geral da Universal Insurance Company Limited Enugu, por me terem introduzido na prática do seguro automóvel. Os professores Obi Mordi, Joe Irukwu, J. I. Aneke, Sam Ogwo e Okey Nnaedozie foram alguns dos que me ensinaram. Na preparação desta tese, baseei-me nas suas notas de aula e noutras publicações relevantes. Agradeço aos meus alunos que estão e continuarão a contribuir para a formação e o desenvolvimento do sector dos seguros e do sistema financeiro na Nigéria. As suas acções positivas dão a alguns de nós uma razão para nos esforçarmos mais.

Aceito a responsabilidade por quaisquer deficiências que descubra neste livro. Por favor, informe-me de forma construtiva para que eu possa remediar a situação aquando da atualização e revisão do livro.
VICTOR IKE OKONKWO, PhD
junho, 2012
+2348065248055

O sector dos seguros nigeriano continua a desempenhar um papel importante na economia do país e é um dos mais activos em África. Continua a ser um dos índices mais importantes para medir a maturidade da prosperidade nacional. A importância do sector dos seguros como motor essencial do crescimento e catalisador do desenvolvimento sustentável é evidente na forma como o sector facilita a mobilização de fundos de investimento, nomeadamente através do seguro automóvel.

Devido à importância económica do seguro automóvel como mecanismo de gestão do risco, a Nigéria exige que os proprietários e operadores de veículos automóveis possuam uma forma de seguro de responsabilidade civil como condição prévia para poderem conduzir veículos na via pública. Apesar da sua aceitação geral como um instrumento importante para o crescimento económico, o seguro automóvel continua a ser um dos ramos de seguros mais mal vistos e incompreendidos na Nigéria. Este facto pode ser atribuído à complexidade das apólices de seguro e às numerosas variações no mercado, muitas das quais resultam de legislação e/ou ignorância.

O autor deste importante livro: Motor Insurance Practice in Nigeria, é um dos académicos dinâmicos que responderam ao apelo para a criação de consciência e iniciativas de desenvolvimento do mercado na indústria dos seguros. Escreveu este livro de forma lógica para satisfazer as necessidades de estudantes, segurados e leigos.

O livro é uma tentativa minuciosa de fornecer um tratamento integrado e uma destilação a vários níveis do quadro jurídico, da documentação, da subscrição e das práticas de gestão de sinistros no sector dos seguros automóveis. Foi cuidadosamente formulado não só para preencher algumas lacunas criadas pela falta de livros didácticos relevantes sobre seguros automóveis na Nigéria, mas também para estimular obras literárias.

Recomendo este livro muito útil a estudantes, profissionais, proprietários e operadores de veículos automóveis e a todos os outros.

Prof. J. I. Aneke
Decano da Faculdade de Ciências Administrativas
Universidade Estatal de Ciência e Tecnologia de Enugu, Enugu Nigéria

INTRODUÇÃO AO SEGURO AUTOMÓVEL

Objectivos do capítulo

Depois de ler este capítulo, o leitor irá:

* Ser capaz de explicar a importância do seguro automóvel;

* Conhecer o âmbito do seu seguro automóvel;

* Compreender a importância do seguro automóvel; e * Compreender a breve história do seguro automóvel na Nigéria.

O que é um seguro?

De um modo geral, o seguro é um contrato celebrado entre duas partes, o segurado e o segurador, através do qual o segurado paga um montante relativamente reduzido, designado por prémio, ao segurador, que se compromete a pagar o capital seguro ou o seu equivalente, em conformidade com as condições do contrato, se o acontecimento ou acontecimentos cobertos pelo seguro ocorrerem durante o período de vigência do contrato. Trata-se, essencialmente, de um sistema científico que permite ao segurado transferir as consequências financeiras do seu sinistro para outra pessoa, o segurador, mediante o pagamento de uma contrapartida, o prémio, ao segurador.

O segurado é a pessoa que tem um interesse segurável no objeto segurado. É a pessoa que pagou o prémio ao segurador porque beneficia de um bem-estar contínuo ou é prejudicada por uma perda, sendo o objeto do seguro os bens, a vida, o corpo, os interesses e os direitos. E o segurador é a pessoa, geralmente a companhia de seguros, que se compromete a pagar o capital seguro ou o seu equivalente, em conformidade com as condições da apólice, se o acontecimento seguro ocorrer durante o período de vigência da mesma. O segurador é a pessoa que se compromete a fornecer ao segurado a garantia financeira ou a cobertura do seguro, tal como consta do documento contratual, a apólice de seguro.

O segurador só pagará o montante seguro ou o seu equivalente se o acontecimento seguro específico ocorrer e se o segurado cumprir as obrigações que lhe incumbem, ou seja, se comunicar o dano e apresentar provas do mesmo. No entanto, a promessa do segurador de pagar o capital seguro ou o seu equivalente baseia-se em dois princípios. A base principal é a natureza do objeto do seguro, em especial a certeza do montante dos danos a pagar e a viabilidade. Estas bases são as bases de não-indemnização e de indemnização.

Na base sem sinistros, a seguradora promete pagar um "montante liquidado" ou "benefício" se o evento segurado ocorrer. Parte-se sempre do princípio de que o montante a pagar em caso de sinistro é conhecido antes de este ocorrer. O seguro de vida e o seguro de acidentes são exemplos de contratos de seguro que são celebrados numa base não indemnizatória.

A segunda base é a base de indemnização. Os contratos de seguro de indemnização obrigam a seguradora a pagar uma "perda não liquidada" ou simplesmente a indemnizar se o acontecimento segurado ocorrer de acordo com as condições do contrato. A razão para tal é que o montante exato a pagar não é conhecido até à ocorrência do sinistro e à apresentação de um pedido de indemnização. A indemnização é a compensação financeira exacta que é suficiente para colocar o segurado, após um sinistro, na mesma situação financeira em que se encontrava imediatamente antes da ocorrência do sinistro. Exemplos de apólices de indemnização incluem o seguro contra incêndios, o seguro contra roubo e furto e o seguro de mercadorias em trânsito.

O capital seguro ou o seu equivalente que a seguradora pode pagar é o valor do risco ou a garantia financeira de que o segurado dispõe. Enquanto o capital seguro é o montante máximo que a seguradora pode pagar quando ocorre o acontecimento seguro, o equivalente refere-se a qualquer outro método que a seguradora aceitará em vez do capital seguro para indemnizar o segurado. Assim, qualquer montante gasto para indemnizar o segurado que não seja o pagamento efetivo do capital seguro é o equivalente do capital seguro.

O que são os veículos automóveis e o seguro automóvel?

Um veículo a motor é um veículo de propulsão mecânica destinado ou autorizado a circular na estrada. Inclui também os motociclos e as scooters ou motoniveladoras.

O seguro automóvel é um seguro contra perdas ou danos em veículos automóveis ou contra danos decorrentes ou relacionados com a utilização de veículos automóveis, incluindo riscos de terceiros (ver Regulamento de Seguros da Nigéria de 1977). Trata-se de um contrato de seguro entre o segurado e a seguradora, nos termos do qual o segurado paga o prémio à seguradora, que se compromete a indemnizar o segurado em caso de ocorrência de determinados perigos cobertos pelo seguro decorrentes da utilização de veículos automóveis, incluindo riscos de terceiros. O terceiro é qualquer pessoa ou entidade, para além do segurador e do segurado, que possa ser afetada pela utilização do veículo.
do veículo a motor.

Âmbito do seguro automóvel

A classificação das apólices de seguro de acordo com o tipo de acontecimento para o qual é devido o capital seguro identifica as companhias de seguros como: Seguro de Transportes, Seguro de Incêndio, Seguro de Vida e Seguro de Acidentes Pessoais. Na fase inicial do desenvolvimento dos seguros, o seguro automóvel estava incluído no seguro de acidentes pessoais. Com o passar do tempo, o seguro automóvel cresceu de tal forma que teve de ser considerado como um ramo de seguro distinto. Na Lei dos Seguros da Nigéria, o seguro automóvel é uma das categorias de seguros gerais e, de facto, muitas companhias de seguros têm departamentos de seguro automóvel nas suas sucursais.

O seguro automóvel pertence à família dos seguros de acidentes que podem cobrir bens, interesses financeiros e responsabilidade civil. Pode ser considerado como uma combinação de seguro de bens, de acidentes e de responsabilidade civil. A obrigação das seguradoras automóveis pode consistir em indemnizar a perda ou os danos causados ao veículo automóvel ou aos objectos pessoais nele contidos. A promessa da seguradora pode consistir em indemnizar o segurado através do pagamento de um determinado montante se este sofrer danos pessoais ou morte em consequência da utilização do veículo segurado. Além disso, a seguradora pode comprometer-se a assumir a responsabilidade do segurado se terceiros apresentarem queixas contra o segurado devido a ferimentos ou morte causados pela utilização do veículo automóvel segurado ou devido a danos causados a bens de terceiros, incluindo as despesas de justiça.

O objeto segurado coberto pelo seguro automóvel divide-se em cinco grupos: a. Veículos particulares, como os automóveis;

b. Veículos comerciais, tais como táxis, camiões, autocarros e pick-ups;

c. Veículos agrícolas e florestais, tais como tractores e ceifeiras;

d. motociclos, incluindo ciclomotores e triciclos; e e. comércio de veículos a motor [ou seja, os veículos adquiridos para venda aos utilizadores].

As coberturas de seguro automóvel disponíveis no mercado de seguros nigeriano são: "Apenas ato", "Apenas responsabilidade civil", "Cobertura de terceiros, incêndio e roubo" e "Cobertura global".

Apenas atuar

Este tipo de seguro garante ao segurado, em particular, a cobertura de danos corporais e morte de terceiros, incluindo outros utentes da estrada, enquanto o veículo segurado estiver a circular em vias públicas ou auto-estradas. As estradas públicas **são** estradas às quais o público tem direito de acesso. Ellis e Mitchell (1987) afirmam que locais como os campos e as praias não são claramente abrangidos pelo termo "estrada", embora possam ser utilizados veículos nesses locais. Regra geral, a responsabilidade da seguradora é ilimitada se o veículo segurado for responsável pelos danos corporais ou pela morte do terceiro.

Apenas responsabilidade civil

Esta cobertura prevê a indemnização dos danos causados aos bens de terceiros e do ACT ONLY. A cobertura não se limita a uma via pública, mas prevê a indemnização dos danos materiais causados a terceiros até um montante limitado, tal como previsto nas condições da apólice.

Seguro de responsabilidade civil, incêndio e roubo

Este tipo de cobertura cobre os danos por incêndio e/ou roubo do veículo segurado, para além do seguro de responsabilidade civil puro.

Cobertura de seguro abrangente

Esta medida prevê a indemnização dos seguintes elementos:

(a) Cobertura de seguro que pode ser prevista no seguro de responsabilidade civil, incêndio e roubo;

(b) Todos os danos relacionados com acidentes do veículo segurado, incluindo lesões corporais e/ou perdas ou danos causados por actos dolosos;

(c) Danos causados ao veículo seguro durante o transporte por elevador, em estrada ou em vias navegáveis interiores;

(d) cobertura limitada das despesas médicas efectuadas pelo segurado, pelo seu condutor ou por outros ocupantes do veículo em consequência de ferimentos sofridos num acidente; e

(e) Mediante um prémio adicional, a cobertura do seguro é alargada aos objectos pessoais ou acessórios presentes nos veículos segurados.

Interesse segurável no seguro automóvel

O interesse segurável é o direito legal de subscrever um seguro. Resulta da relação jurídica financeira que existe entre o segurado e o objeto segurado, de modo que o segurado sofre uma perda se ocorrer um acontecimento indesejável. Uma pessoa que pretenda subscrever uma apólice de seguro deve, portanto, provar que tem um interesse segurável no objeto segurado. Isto significa que pode beneficiar da sua existência e que é prejudicado pela sua perda.

Para além da propriedade direta, as situações seguintes são favoráveis a um interesse segurável no seguro automóvel na Nigéria.

i. Qualquer pessoa que conduza ou utilize um veículo a motor;

ii. O proprietário de um veículo a motor, incluindo os cônjuges que têm um interesse conjunto no veículo;

iii. Qualquer pessoa que empreste um veículo (como mutuário);

iv. Uma pessoa que, ao alugar um veículo e em conformidade com as condições do contrato de aluguer, é responsável pelas perdas ou danos sofridos;

v. Um trabalhador a quem o empregador fornece um veículo automóvel e a quem as condições permitem alguma responsabilidade pela sua utilização, eventualmente para fins sociais, domésticos e privados; e

vi. Uma empresa de compra a prestações ou de locação financeira pode ter um interesse segurável num veículo automóvel se continuar a ser proprietária do mesmo nos termos do contrato ou da locação financeira.

Importância do seguro automóvel

O seguro de responsabilidade civil automóvel é um seguro que cobre o segurado contra a responsabilidade por danos ou lesões corporais causados por ou resultantes da utilização de um veículo automóvel, incluindo os riscos patrimoniais para terceiros. É o seguro mais comum e uma categoria da atividade de seguros gerais. O significado desta atividade pode ser resumido pelo acrónimo "SCHUTZ".

*Concessão de uma garantia financeira a pessoas que sofram perdas financeiras devido à ocorrência dos riscos cobertos num contrato de seguro automóvel. A atividade de seguro automóvel permite que a seguradora tenha a obrigação de indemnizar o segurado pelos riscos seguráveis decorrentes da ocorrência dos eventos cobertos.

*Proporciona uma oportunidade para as relações internacionais entre nações. Para além da aquisição de conhecimentos e competências no sector do seguro automóvel dos países industrializados, são frequentemente promovidos acordos e convenções regionais para assegurar a indemnização dos condutores que utilizam os seus veículos fora de um determinado Estado, por exemplo, a Nigéria. Um exemplo disto são as actividades do sistema de carta castanha da Comunidade Económica dos Estados da África Ocidental (CEDEAO). Este sistema é analisado no capítulo 7 do presente livro.

*Obtém rendimentos tributáveis. A atividade de seguro automóvel é uma atividade com fins lucrativos e as empresas, tal como todos os outros titulares de rendimentos, pagam impostos ao Estado e cumprem outras obrigações de responsabilidade social previstas. Estas contribuições contribuem em grande medida para a capacidade do governo de implementar os seus programas para maximizar os benefícios sociais/bem-estar.

***Responde a** alguns problemas sociais. A empresa contribui para a estabilidade social através da prestação de apoio financeiro aos segurados que sofram prejuízos financeiros em consequência da utilização de um veículo automóvel. O montante a pagar pode ajudar a restabelecer financeiramente o segurado, promovendo assim a sua contribuição individual para o desenvolvimento social e económico. Devido à existência do seguro automóvel, as seguradoras mantêm um fundo, através do Bureau of Motor Insurers, para indemnizar as pessoas vítimas de atropelamento e fuga.

* Cria confiança nos automobilistas empreendedores e que assumem riscos. O conhecimento da disponibilidade de uma garantia financeira para um automobilista através do seguro automóvel encorajaria obviamente os empresários receosos a arriscar, especialmente quando os receios estão relacionados com os riscos associados à utilização de veículos a motor.

* Criação de emprego. A atividade de seguro automóvel cria oportunidades de emprego, por exemplo, como pessoal de escritório, contabilistas, reguladores de sinistros, subscritores e agentes de seguros.

* Transferência de dinheiro para o mercado de capitais. Enquanto intermediário financeiro, a atividade de seguro automóvel recolhe os prémios cobrados aos vários tomadores de seguros automóveis num fundo de seguro automóvel. Os fundos são geralmente investidos em activos financeiros, tais como depósitos bancários, acções e obrigações. Estes investimentos promovem o desenvolvimento do sector real e aumentam inevitavelmente a prosperidade social.

* Promove a gestão dos riscos, nomeadamente a gestão dos riscos dos veículos automóveis e a sensibilização para a segurança. O sector do seguro automóvel é favorável às diversas garantias de "boa gestão interna" da apólice de seguro. Regra geral, o contrato de seguro (a apólice de seguro) define as condições contratuais destinadas a reduzir a probabilidade de ocorrência de um sinistro.

* Otimizar os benefícios do transporte de veículos a motor. Os benefícios do transporte automóvel são muitos e variados, desde a promoção do comércio até à melhoria do nível de vida social. A cultura do seguro automóvel contribuiu significativamente para a redução dos custos do transporte automóvel. Tal deve-se ao facto de os riscos seguráveis do veículo automóvel serem transferidos para a seguradora, reduzindo o risco global de perda do automobilista através do princípio da combinação.

* Informa o governo e os fabricantes de veículos sobre as regras de trânsito úteis e os elementos de segurança essenciais a incorporar nos veículos fabricados. Fazem-no através das actividades dos departamentos de investigação e desenvolvimento das seguradoras automóveis e de várias organizações profissionais do mercado dos seguros. Os departamentos de sinistros das seguradoras automóveis fornecem dicas e conhecimentos úteis relacionados com a utilização de veículos

automóveis aquando da investigação de sinistros. Algumas destas dicas e conclusões são disponibilizadas ao público e às autoridades competentes, a fim de reduzir o risco de danos causados pela utilização de veículos a motor.

Evolução histórica do seguro automóvel

Era óbvio que a Nigéria não dispunha de um sector de seguros desenvolvido antes da colonização britânica. Por conseguinte, o desenvolvimento histórico do seguro automóvel na Nigéria pode ser rastreado até à Grã-Bretanha. Na Nigéria, existia um tipo de seguro que pode ser descrito como seguro social tradicional, em que as pessoas ligadas por interesses mútuos prestam assistência financeira e monetária aos membros que sofreram um infortúnio, o que geralmente não era explicitamente mencionado. Estes sistemas continuam a existir atualmente, a par dos sistemas de seguro modernos. São disso exemplo o sistema da família alargada, as associações de grupos etários e os sistemas Esusu.

Ellis e Mitchell (1987) descrevem a história do seguro automóvel no Reino Unido. *Os primeiros veículos a motor apareceram nas estradas na década de 1880 e as primeiras apólices de seguro automóvel foram emitidas na década de 1890. Ao conceberem este novo tipo de apólice, as seguradoras foram influenciadas pela sua experiência com os seguros de incêndio, roubo e responsabilidade civil e, por conseguinte, colocaram mais ênfase no objeto (o veículo) do que no condutor ao fixarem os preços...*

Após o fim das guerras de 1914-18, *o número de veículos a motor nas estradas aumentou gradualmente. Consequentemente, o número de acidentes também aumentou. As pessoas feridas por culpa dos automobilistas nem sempre conseguiam obter uma indemnização, uma vez que os automobilistas negligentes podiam não estar segurados e não tinham motivos suficientes para pagar uma indemnização. Estes factores levaram à introdução do Road Traffic Act 1930, que, pela primeira vez no Reino Unido (RU), introduziu a obrigação legal de todos os utilizadores de veículos a motor se segurarem contra a responsabilidade legal por causarem a morte ou lesões corporais a terceiros.*

Na Nigéria, a história dos seguros modernos remonta a 1894, quando o British Bank of West Africa (BBWA) assumiu o controlo das actividades desenvolvidas em Lagos, na Nigéria, pela African Banking Corporation Limited e pela Elder Dempster Company. Em 1900, a Royal Exchange Assurance tinha o BBWA como um dos seus agentes na Nigéria. Entre 1900 e 1949, apenas a Royal Exchange Assurance Company Limited tinha um escritório na Nigéria. Em 1949, foram também criadas três companhias de seguros britânicas, nomeadamente a Legal and General Insurance Society Limited, a Tobacco Insurance Company Limited e a Norwich Union, Fire Insurance Society.

As primeiras companhias de seguros nacionais na Nigéria foram fundadas entre 1950 e 1951. Foram elas a African Insurance Company Limited e a Nigeria General Insurance. Em 1952, foi criada a Lion of African Insurance Company Limited. Outras companhias de seguros históricas na Nigéria foram:

* Guinea Insurance Company Limited, que adquiriu a Norwich Union, Fire Insurance Society, em 1958.

* West African Provincial Insurance Company Limited, que iniciou a sua

atividade em 1958.

A United Nigeria Insurance Company Limited, constituída em abril de 1965 pela Northern Assurance, United African De L'Afrique [uma filial de uma empresa francesa chamada Compagnie Fran^aise de L'Afrique Occidental (CFAO), criada em 1969 como um conglomerado industrial que se dedicava ao comércio por grosso de veículos automóveis, equipamento de engenharia, equipamento elétrico, materiais de construção e utensílios agrícolas] e um advogado nigeriano. A empresa começou com a aquisição das actividades da Marine Agencies Limited e da Insurance Agencies Limited.

National Insurance Corporation of Nigeria (NICON), fundada em 1969.

A Nigeria Reinsurance Corporation foi fundada em 1977.

Desde 1900, os agentes de companhias de seguros e/ou companhias de seguros registadas na Nigéria têm vindo a fornecer cobertura de seguros marítimos, de incêndio, de vida e de acidentes gerais, especialmente para o ramo automóvel.

O Road Traffic Act de 1930 do Reino Unido foi copiado e adotado na Nigéria como Motor Vehicles (Third Party Insurance) Ordinance 1945. O diploma foi alterado e alargado pela Lei de 1950 relativa aos veículos a motor (seguro contra terceiros), atualmente em vigor na Nigéria.

O período entre 1970 e 1976 foi de importância crucial para o sector dos seguros nigeriano. Este período pode ser descrito como o "período de desenvolvimento abreviado" dos seguros modernos na Nigéria. Esta descrição da era do sector dos seguros na Nigéria baseia-se numa série de factores. Com efeito, o sector teve início na década de 1950 com a participação dos nigerianos no negócio, tanto como accionistas como como segurados. Além disso, o governo começou a regulamentar o sector ao promulgar a primeira lei local, a Lei dos Seguros de 1960 e, mais tarde, a Lei dos Seguros (Disposições Diversas) de 1964, que restringia o investimento dos fundos de seguros e impedia as seguradoras de investirem no estrangeiro os prémios ganhos na Nigéria. Em 1968, foram promulgados regulamentos para as companhias de seguros, a fim de melhorar as condições de pré-registo das companhias de seguros. Em 1969, foi criada a National Insurance Corporation para gerir o sector e atuar como seguradora dos bens do Estado.

Infelizmente, a guerra civil na Nigéria eclodiu entre Este desenvolvimento contribuiu para a mudança de direção do sector durante o seu apogeu em 1967 e 1970. Muitos tomadores de seguros que, sem o saberem, partiam do princípio de que as seguradoras cobririam os prejuízos da época da Guerra Civil, enganaram-se. As seguradoras tinham cláusulas de exclusão de riscos de guerra nas suas apólices. Algumas das seguradoras também sofreram a perda dos seus próprios activos, especialmente os da parte oriental da Nigéria.

Na sequência da guerra civil, surgiram as MUSHROOM INSURANCE COMPANIES, muitas das quais se propõem oferecer seguros de vida e seguros automóveis. Este último é, evidentemente, incentivado por lei, uma vez que todos os automobilistas são obrigados a possuir um certificado de seguro automóvel ao abrigo das disposições da Lei de 1950 relativa aos veículos a motor (seguro contra terceiros).

As "companhias de seguros cogumelo" eram aquelas que se concentravam no crescimento rápido em vez de na sobrevivência e na manutenção da integridade e do profissionalismo da atividade. Caracterizavam-se por oferecer prémios mais baixos e comissões mais elevadas aos agentes e corretores, subverter as directrizes de subscrição, não pagar indemnizações legítimas e algumas delas eram simplesmente companhias de seguros falsas (não registadas como companhias de seguros ao abrigo da legislação do país). Muitas destas companhias de seguros "cogumelo" eram constituídas por indivíduos medíocres e gananciosos que queriam ganhar dinheiro barato à custa de tomadores de seguros insuspeitos, especialmente os tomadores de seguros do ramo automóvel, que continuam a ser o maior grupo de tomadores de seguros na Nigéria.

O sector dos seguros nigeriano continua a ser infestado pelos "cogumelos das seguradoras de automóveis" que continuam a não conseguir popularizar o negócio dos seguros na Nigéria. A elevada taxa de desemprego na Nigéria, o negócio lucrativo (que é um requisito legal) e a educação inadequada em matéria de seguros no país favoreceram aparentemente a sobrevivência de falsas seguradoras de automóveis que operam secretamente ao lado de companhias de seguros genuínas na Nigéria.

A Lei dos Seguros de 1976 continha disposições legais que reduziam as práticas pouco saudáveis que teriam afetado a relevância económica e social do moderno sector dos seguros na Nigéria. Desde então, o sector tem contribuído de forma significativa para a proteção e a promoção da prosperidade das empresas e das famílias na Nigéria. A legislação e a regulamentação pertinentes em matéria de seguros foram revistas e alteradas à luz da evolução da economia nacional e internacional.

O sector dos seguros nigeriano registou grandes progressos a nível nacional e regional. As autoridades competentes responderam e continuam a ser pró-activas na prestação da cobertura de seguro necessária aos tomadores de seguros. As seguintes leis sustentam esta posição:

*   Em 1977, a Nigeria Reinsurance Corporation foi fundada para assumir um papel de liderança no sector e, entre outras coisas, para colocar resseguros a nível local.

*   A Lei de Indemnização dos Trabalhadores de 1972, alterada em 1987 e 1990, tornou todas as entidades patronais na Nigéria estritamente responsáveis (sem culpa ou negligência).

    Esta lei foi revogada e substituída pela lei sobre a indemnização dos empregadores de 2010, que prevê uma indemnização global em caso de morte, lesão, doença ou incapacidade resultante do trabalho ou no decurso do mesmo. A lei prevê um sistema mais aberto e equitativo de indemnização garantida e adequada para todos os trabalhadores ou as pessoas a seu cargo. A lei aplica-se a todos os empregadores e trabalhadores dos sectores público e privado do país e é regulamentada e administrada pelo Fundo Fiduciário da Segurança Social da Nigéria (NSITF).

    O Decreto n.º 20 de 1989 criou o Fundo Especial de Supervisão de Seguros, que foi posteriormente alterado pelo Decreto n.º 62 de 1992.

    Em 1991, a lei sobre os seguros de 1976 foi melhorada e a National Insurance Corporation e a Nigeria Reinsurance Corporation foram comercializadas, a fim de as tornar responsáveis e permitir uma gestão prudente. Posteriormente, a NICON foi privatizada para promover e apoiar a penetração no mercado dos prestadores de seguros na Nigéria.

Em 1993, o Decreto n.º 22 criou o Instituto de Seguros da Nigéria, que transformou a prática dos seguros numa profissão e foi autorizado a ministrar formação e a estabelecer normas profissionais para a atividade na Nigéria. A Lei dos Seguros de 1991 foi revista em 1997 e 2003 e deverá ser novamente revista para refletir a evolução positiva e a regulamentação do sector.

A supervisão dos seguros na Nigéria evoluiu em conformidade com as tarefas previstas: da autoridade de supervisão dos seguros

Departamento do Ministério Federal do Comércio e/ou das Finanças dirigido por um Diretor de Seguros (19601991), o Conselho Nacional de Supervisão dos Seguros (NISB) dirigido por um Comissário de Seguros (1991-1997) e a Comissão Nacional de Seguros (NAICOM), que continua a ser dirigida por um Comissário de Seguros (desde 1997). Até à criação do Conselho Nacional de Supervisão dos Seguros, o Banco Central da Nigéria facilitava a regulamentação do sector.

O sector intensificou o desenvolvimento dos recursos humanos através das actividades do Chartered Insurance Institute of Nigeria e dos organismos profissionais do mercado dos seguros, da colaboração com os seus homólogos estrangeiros, especialmente com as companhias de resseguros estrangeiras, e de seminários/conferências locais, e está a trabalhar incansavelmente para garantir a sustentabilidade da atividade seguradora no contexto da globalização dos negócios facilitada pelas tecnologias da informação e da comunicação.

LEGISLAÇÃO EM MATÉRIA DE
SEGURO AUTOMÓVEL NA NIGÉRIA

Objectivos do capítulo
Depois de ler este capítulo, o leitor irá:

* Compreender a importância de alguma legislação do Reino Unido que, embora não seja uma lei geral, afecta a prática do seguro automóvel na Nigéria.

* Compreender o objetivo das leis de trânsito rodoviário, especialmente a versão nigeriana: Motor Vehicle [Third Party Insurance] Act 1950.

* Conhecimento de algumas disposições de outras legislações que afectam o seguro automóvel na Nigéria.

Leis do Reino Unido que afectam o seguro automóvel na Nigéria
A arte de legislar é uma arte contínua. Isto deve-se ao facto de as pessoas aprenderem e se desenvolverem ao longo do tempo. As experiências do tempo exigem repetidamente leis que orientem os cidadãos e estabeleçam regras. O objetivo da legislação é definir medidas que garantam a ordem e a justiça na sociedade. Sem essa clarificação, pode instalar-se o caos e o comportamento reativo, o que pode pôr em causa a coexistência pacífica de uma nação.

Os registos históricos mostram que as pessoas adoptam a cultura e os costumes de outras pessoas que admiram. Muitas pessoas aprendem imitando os outros. De facto, pode dizer-se que aquilo a que chamamos aprendizagem é a transferência das experiências dos professores ou mestres para outros, de modo a mudar a perceção e o comportamento dos aprendentes. Toda a aprendizagem ou legislação serve, entre outras coisas, para promover melhores práticas e melhorar a tomada de decisões a favor dos cidadãos vulneráveis. Com base neste entendimento, explicam-se a seguir algumas leis do Reino Unido que têm impacto na prática do seguro automóvel na Nigéria.

Lei do Tráfego de 1978
Esta possibilidade permite ao proprietário de um veículo particular partilhar a sua utilização com outra ou outras pessoas e aceitar uma contribuição para o custo da viagem. Desde que o proprietário não obtenha lucro desta forma, esta utilização não é considerada como aluguer ou recompensa, o que não é permitido ao abrigo de uma apólice de seguro automóvel privado. Por conseguinte, as seguradoras alargaram as suas apólices de seguro automóvel privado, quer através de uma adenda, quer através de uma alteração da redação, de modo a abranger o car sharing quando este se destina a fins sociais ou similares.

Lei de Reforma Legislativa (várias disposições) de 1934
Esta lei prevê, entre outras coisas, que em caso de morte de uma pessoa após a entrada em vigor desta lei, todos os créditos existentes contra ela ou a que tenha direito continuarão a existir contra ou a favor do seu património. Se um condutor que actua por negligência morrer, pode ser apresentado um pedido de

indemnização contra os seus representantes legais. Se um terceiro ferido morrer em resultado da negligência do condutor, o direito de indemnização é transferido para o seu património.

Lei da Reforma Jurídica (Marido e Mulher) de 1962

Antes de 1962, os cônjuges eram tratados como uma só pessoa, pelo que um dos cônjuges não podia intentar uma ação contra o outro em matéria de responsabilidade civil. Esta lei revoga as regras que impedem um cônjuge de processar o outro em matéria de responsabilidade civil, embora o tribunal tenha o poder de suspender as acções em determinadas circunstâncias. Suponhamos que um casal viaja de automóvel, sendo um deles o condutor e o outro o passageiro. Ocorre um acidente em que o condutor é culpado e o passageiro fica ferido. O passageiro pode processar o condutor da mesma forma que se o condutor e o passageiro não fossem parentes.

Lei sobre o roubo de 1968

O n.º 1 da secção 1 desta lei define o furto do seguinte modo

Qualquer pessoa que se aproprie desonestamente dos bens de outra pessoa com a intenção de a privar permanentemente dos mesmos é culpada de roubo; os termos roubo e furto devem ser interpretados em conformidade.

O n.º 1 do artigo 12.º da lei estipula que "uma pessoa é culpada de uma infração se, sem o consentimento do proprietário ou de outra autoridade legal, tomar posse de um veículo para seu uso próprio ou de outrem ou, sabendo que um veículo foi tomado posse, o conduzir sem essa autoridade ou se permitir ser transportado nele ou nele.

A infração descrita na secção 12(1) inclui dois aspectos. Estes são (i) a tomada ilegal de um veículo e (ii) a condução de um veículo por outra pessoa sabendo que foi tomado por outra pessoa, ou andar num veículo sabendo que foi roubado. No entanto, uma pessoa não comete uma infração se acreditar que tem o consentimento do proprietário ou que teria tido o consentimento se o proprietário tivesse conhecimento das circunstâncias.

Lei sobre a Reabilitação dos Delinquentes de 1974

Trata-se de uma legislação social de aplicação geral, segundo a qual determinadas condenações penais são consideradas *caducas após* um determinado período de tempo, que varia em função da gravidade da pena ou da sanção aplicada. O objetivo é proteger os indivíduos verdadeiramente reformados, eliminando legalmente o registo criminal de um delinquente ocasional que tenha vivido vários anos sem cometer crimes. Um jovem (com menos de dezassete anos) é geralmente considerado reabilitado após um período de tempo mais curto do que um adulto. Os períodos de reabilitação mais importantes são os seguintes:

a.   Pena de prisão superior a seis meses e inferior ou igual a trinta meses: dez anos.

b.   Prisão por um período superior a seis meses: sete anos.

c.   A pena foi uma multa: cinco anos.

d.   A sanção foi uma anotação na minha carta de condução:
a fase de reabilitação está concluída quando a nota é retirada.

De acordo com o Código da Estrada, o infrator pode requerer ao tribunal a anulação do registo após quatro anos, exceto se a infração estiver relacionada com a condução ou tentativa de condução de um veículo sob a influência de álcool ou drogas. Nestes casos, o período de reabilitação é de onze anos. O período de reabilitação é calculado a partir da data da condenação e não da data da infração. Se uma pessoa for condenada por duas infracções às quais se aplicam períodos de reabilitação de duração diferente, o período mais longo é geralmente creditado ao período mais curto. Contrariamente a estas disposições, as condenações que implicam uma pena de prisão superior a trinta meses nunca podem ser objeto de reabilitação.

A lei não impõe quaisquer restrições à forma como as seguradoras fazem as perguntas. Assim, se alguém declarar uma condenação anterior num formulário de candidatura ou de pedido de indemnização, a seguradora deve ignorar esta informação.

Lei de 1950 relativa aos veículos a motor (seguro de responsabilidade civil)

A Lei de 1950 relativa aos veículos a motor (seguro contra terceiros) baseia-se na Lei de 1930 relativa ao tráfego rodoviário. A secção 3(1) da Lei de 1950 estabelece o seguinte Ninguém pode utilizar, fazer utilizar ou permitir que outra pessoa utilize um veículo a motor numa estrada, a não ser que esteja em vigor uma apólice de seguro ou uma garantia relativa a riscos de terceiros para a utilização desse veículo a motor por essa pessoa ou por essa outra pessoa...

Esta subsecção da lei tem dois requisitos: O automobilista deve obter um seguro contra terceiros ou depositar junto do Contabilista-Geral da Federação uma quantia de N10 000 (£5000) em vez de um seguro contra terceiros. A apólice de seguro contra terceiros não tem de cobrir:

a.   Responsabilidade em relação às pessoas empregadas pelo segurado em caso de morte ou lesões corporais resultantes do exercício da sua atividade profissional, ou

b.   Responsabilidade por morte ou lesões corporais de pessoas que se encontrem num veículo a motor ou que entrem ou saiam dele no momento da ocorrência do evento e do sinistro, exceto se

i.   O veículo é um veículo de passageiros utilizado para o transporte de passageiros ou mediante remuneração; ou

ii.   ao transportar pessoas com base num contrato de trabalho ou em cumprimento de um contrato de trabalho, ou

iii.   Qualquer responsabilidade contratual.

A subsecção 3(1) da lei considera uma infração utilizar, ou fazer com que outra pessoa utilize ou permitir que outra pessoa utilize um veículo motorizado numa estrada sem seguro contra terceiros ou sem garantia em vez de seguro. A sanção para o não cumprimento desta disposição é um ano de prisão ou uma coima de £400 (N800) ou ambas, seguida de inibição de conduzir. Esta disposição não é aplicável:

a.   no que respeita a veículos que sejam propriedade do governo federal ou estadual enquanto estiverem a ser utilizados ou operados para fins do governo; ou

b.   Para os veículos a motor utilizados por uma pessoa que
N10.000 foram depositados junto do contabilista-geral da Federação para estes veículos, ou

c.   para veículos a motor conduzidos para fins policiais e das forças armadas; ou

d. No que diz respeito a qualquer pessoa declarada pelo Presidente como estando isenta das disposições das leis, dizem os governantes tradicionais; ou

e.   No que diz respeito a todos os veículos a motor declarados pelo Presidente como estando isentos das disposições da lei, trata-se de veículos a motor pertencentes a autoridades governamentais locais e a governos estrangeiros.

Mais uma vez, a subsecção 3(1) da lei permite que qualquer pessoa que sofra prejuízos em resultado da violação do dever legal por parte do automobilista intente uma ação por danos. O caso Monk v Warbey and Others (1934) ilustra a aplicação desta disposição. Os factos do caso eram os seguintes: Warbey possuía um carro que estava segurado para ser conduzido por ele próprio ou por um membro da sua família. Emprestou o carro a Knowles, que, por sua vez, autorizou outra pessoa chamada May a conduzi-lo. O Sr. May envolveu-se num acidente pelo qual foi responsável e nem May nem Knowles estavam cobertos por um seguro de responsabilidade civil nem dispunham de meios para satisfazer a decisão relativa à caução. O tribunal considerou que Warbey tinha violado a obrigação imposta pela secção 3(1) da lei ao ceder o controlo do veículo a uma pessoa não segurada e, por conseguinte, foi considerado responsável pelo prejuízo. Noutro processo, Cooper contra Motor Insurances' Bureau (1982), considerou-se que a responsabilidade do utilizador perante terceiros deve ser coberta por um seguro (risco de terceiros). O caso surgiu depois de o requerente, Clifford Cooper, ter sido ferido durante um teste de condução de uma mota que se revelou defeituosa. Processou o proprietário por negligência e foi-lhe concedida uma indemnização. Infelizmente, porém, o proprietário não tinha seguro e não podia pagar, pelo que o queixoso teve de recuperar os danos junto do
Serviço de seguro automóvel.

A Secção 6(3) da Lei de 1950 permite que um condutor autorizado, embora não seja parte na apólice, obtenha benefícios ao abrigo da mesma e apresente reclamações diretamente contra a seguradora.

Nos termos da Secção II da Lei de 1950 relativa ao seguro de veículos a motor (seguro contra terceiros), o segurado é responsável perante terceiros:

i.   se o segurado entrar em falência ou fizer uma concordata com os seus credores; e

ii.   Se o segurado for uma empresa e tiver sido aprovada uma resolução de dissolução da empresa ou se tiver sido aprovada uma resolução de dissolução da empresa, ou se um liquidatário ou administrador estiver a gerir os negócios da empresa.

Estas disposições estabelecem que a falência do segurado ou a liquidação de uma empresa não afecta a responsabilidade perante terceiros. Isto significa que a seguradora é obrigada a indemnizar o segurado. No processo Olusanya contra Akintola (1970) NCLR 232, o queixoso pediu uma indemnização pela condução negligente, por parte do primeiro réu, de um veículo propriedade do segundo réu e segurado pelo terceiro réu, a seguradora. O primeiro e o segundo réus conduziam o veículo por negligência no exercício das suas funções e feriram o queixoso. O queixoso intentou uma ação de indemnização na qualidade de devedor solidário. O queixoso alegou que as seguradoras deviam ser associadas. O Tribunal Superior de Lagos decidiu que a seguradora não podia ser responsabilizada por condução negligente, a menos que existisse um contrato de indemnização entre o réu e a seguradora.

A secção 10(1) da lei de 1950 impõe às seguradoras o dever de satisfazer as decisões judiciais relativas à responsabilidade que devem ser cobertas pela apólice e que foram proferidas contra uma pessoa segurada. A seguradora deve pagar à pessoa que tem direito ao benefício da sentença. No entanto, o segurado tem o direito de intentar uma ação contra o segurador (ver Adeoye contra West African Provincial Insurance Company (1970) A.L.R 409). Do mesmo modo, no processo Lion of Africa Insurance Company Limited contra Anuluoha (1972) NCLR 74, o Supremo Tribunal considerou que a obrigação de satisfazer uma sentença obtida por um terceiro imposta a uma seguradora nos termos da secção 10(1) da Lei diz respeito a sentenças relativas a responsabilidades que devem ser cobertas por uma apólice emitida nos termos da secção 1(b) na aceção da Lei. O terceiro não tem qualquer direito de ação direta contra a seguradora para a obrigar a satisfazer uma sentença relativa a uma responsabilidade que está de facto coberta pela apólice, mas que não tem de ser coberta.

O terceiro que reclame uma indemnização por morte ou lesão corporal e que tenha obtido uma decisão judicial contra o segurado pode exigir a satisfação desta dívida judicial ao segurador do segurado no prazo de trinta dias a contar da notificação da decisão judicial. O terceiro deve ter notificado o pedido antes ou no prazo de sete dias a contar da data de início do processo judicial, sob pena de perder o seu direito.

A Secção 6(2) da Lei estabelece que qualquer seguradora que efectue um pagamento ao abrigo da apólice é igualmente obrigada a pagar o tratamento médico de emergência de qualquer pessoa que tenha sido hospitalizada após ter sofrido um ferimento devido à utilização do veículo segurado. As pessoas hospitalizadas podem receber até £50 (N100) cada, enquanto as que são tratadas em ambulatório podem receber até £5 (N10) cada. Estes montantes são irrealistas, tendo em conta o custo dos medicamentos e o valor atual do Naira. No entanto, as disposições do seguro de acidentes contidas na apólice tratam dos montantes a pagar, uma vez que a tabela contém os montantes graduados a pagar por diferentes níveis de pedidos de indemnização ao abrigo do seguro de acidentes.

O n.º 4 da secção 6 da Lei de 1950 relativa aos veículos a motor (seguro contra terceiros) estabelece o seguinte *Um contrato de seguro só produzirá efeitos para efeitos da presente lei se a seguradora autorizada entregar à pessoa que celebra o contrato um certificado, referido na presente lei como apólice, na forma prescrita, contendo informações sobre as condições em que o contrato é celebrado e sobre outras questões que possam ser prescritas.*

A secção 9 da lei prevê que, quando um certificado de seguro é emitido, as restrições ao âmbito da apólice para cobrir riscos de terceiros com base nos seguintes pontos são inválidas:

a.   a idade ou o estado físico ou mental das pessoas que conduzem o veículo a motor; ou

b.   o estado do veículo a motor; ou

c.   o número de pessoas transportadas pelo veículo a motor; ou

d.   o peso ou as características físicas das mercadorias transportadas pelo veículo a motor; ou

e.   os períodos ou zonas em que o veículo a motor é utilizado, ou

f.   A potência ou o valor do veículo;

g.   Transportar um determinado objeto num veículo a motor dispositivo; ou

h.   Transportar um meio especial de identificação no veículo a motor que não esteja prescrito nas disposições do Código da Estrada.

A Secção 8 da Lei de 1950 relativa ao seguro de veículos a motor (seguro contra terceiros) impede as seguradoras de invocarem condições da apólice que as isentem da responsabilidade que assumiram em resultado de determinados actos do segurado após a ocorrência de um acontecimento que dê origem a um pedido de indemnização ao abrigo da apólice. Por exemplo, o segurado pode admitir a responsabilidade após um acidente, contrariamente à advertência: "Não admita a responsabilidade, nem por escrito nem verbalmente". Se existirem condições contratuais que exonerem o segurador da sua responsabilidade, este pode exigir o reembolso ao segurado após o pagamento a um terceiro.

Lei dos Seguros de 2003

A Lei dos Seguros de 2003 revogou a Lei dos Seguros de 1997, que, entre outras coisas, prevê uma melhor supervisão e controlo do sector dos seguros na Nigéria. A atividade de seguro automóvel é uma das actividades de seguro geral classificadas na lei. Algumas disposições da lei que se relacionam diretamente com o seguro automóvel são destacadas para uma análise mais aprofundada no presente documento.

Os n.ºs 1 a 2 do artigo 50.º fazem do recebimento do prémio de seguro parte integrante do contrato de seguro. As secções (1)-(2) estabelecem que: 1. nenhuma seguradora, por si própria ou enquanto membro de uma associação de seguradoras, pode proceder a um aumento geral das taxas de prémio mínimas cobradas ou a cobrar por qualquer ramo de seguro prescrito por lei, a menos que a Comissão (Comissão Nacional de Seguros) tenha dado a sua aprovação prévia.

(2) Uma seguradora que faça um aumento geral que não cumpra a subsecção (1) desta secção comete uma infração e é responsável, em caso de condenação, por uma multa de dez vezes o montante do prémio cobrado e recolhido pela seguradora ou N100.000, o que for maior.

Um segurador que cometa uma infração nos termos do n.º 1 será, em caso de condenação, passível de uma das seguintes sanções previstas no n.º 3:

a.   Suspensão das actividades comerciais em relação a uma nova operação de seguro por um período mínimo de 6 meses ou superior a 3 anos; ou

b.   cancelamento do certificado de registo e, para além de qualquer uma das situações acima referidas, o segurador deve reembolsar o montante pago em excesso a qualquer pessoa que o tenha pago ou a qualquer outra pessoa que a ele tenha direito.

Uma seguradora que se considere lesada se for penalizada pela Comissão por uma infração ao abrigo da subsecção (1) pode recorrer ao Ministro das Finanças ao abrigo do disposto na secção 7 da Lei dos Seguros de 2003 [ver secção 51(4)].

O n.º 5 do artigo 51.º exclui do disposto no n.º 1 as actividades de seguros não tarifários, em que os prémios são calculados em função do risco coberto pelo contrato de seguro.

A Secção 52(1)-(2) permite à Comissão nomear um comité ad hoc para tratar de assuntos relacionados com qualquer ramo de seguro prescrito por lei na Nigéria.

A secção 68 da lei resume as disposições básicas da Lei de 1950 relativa ao seguro de responsabilidade civil automóvel (veículos automóveis). Esta secção estabelece o seguinte

1.   Ninguém pode utilizar, fazer utilizar ou permitir que outra pessoa utilize utilizar um veículo a motor numa estrada, a menos que a responsabilidade em que possa incorrer em consequência de danos a bens de terceiros esteja segurada junto de uma seguradora registada ao abrigo da presente lei.

2.   O seguro subscrito nos termos da subsecção (1) da presente secção deve cobrir uma responsabilidade de, pelo menos, N 1 milhão.

3.   O seguro previsto na presente secção acresce a qualquer seguro de responsabilidade civil exigido pela Lei de 1950 relativa ao seguro de veículos a motor (seguro contra terceiros) e está sujeito, mutatis mutandis, às disposições dessa lei.

4.   Qualquer pessoa que infrinja as disposições da presente secção comete uma infração e é passível, em caso de condenação, de uma multa de N250.000 ou de uma pena de prisão de um ano ou de ambas.

A Secção 78 da Lei regula a utilização do Fundo de Segurança e Desenvolvimento. A secção prevê o seguinte: (1) O Fundo de Segurança e Desenvolvimento, que deve ser utilizado em conformidade com

a Lei da Comissão Nacional de Seguros de 1997:

a.   ser utilizados para o pagamento de créditos reconhecidos ou reclamados a uma seguradora registada, se esses créditos não forem pagos devido a insolvência ou cancelamento do registo da seguradora.

b.   E para indemnizar terceiros inocentes que ficam permanentemente incapacitados ou morrem devido a condutores sem seguro ou sem identificação.

2. a proporção da indemnização a pagar em relação a um sinistro é determinada pela Comissão. A lei contém ainda outras disposições que têm um impacto direto no sector do seguro automóvel. Algumas delas são: A Secção 50 estabelece a limitação do pagamento de prémios de seguro; a Secção 69 fornece directrizes para a

regularização de sinistros; a Secção 70 estabelece os prazos para a regularização de sinistros; e a Secção 71 define as condições para a prova de perda no seguro automóvel nigeriano. Estes aspectos foram devidamente sublinhados nas secções relevantes deste livro.

Decreto da Comissão Nacional de Seguros de 1997

O Decreto da Comissão Nacional de Seguros de 1997 constitui a base jurídica para as actividades da Comissão Nacional de Seguros, que é responsável pela regulamentação e supervisão do sector dos seguros nigeriano. Outras disposições do decreto incluem

(1) O n.º 1 da secção 17 estabelece que a Comissão deve criar e manter os seguintes fundos: (a)   um fundo operacional;

(b)   um fundo de educação; e

(c)   um fundo de desenvolvimento da segurança e dos seguros e um fundo de reserva geral.

(2)   As somas de dinheiro provenientes dos fundos da Comissão ao abrigo da secção 16 do presente decreto devem ser pagas aos fundos criados ao abrigo da subsecção da presente secção da seguinte forma, ou seja

(a)   No caso do fundo de maneio: 50 por cento;

(b)   No caso do fundo para a educação: 30 por cento;

(c)   No caso do Fundo de Desenvolvimento da Segurança e dos Seguros: 20 por cento.

(d)   No caso do fundo de reserva geral: o excedente líquido de exploração do fundo de exploração no final de cada ano.

A secção 20 do decreto autoriza a Comissão a utilizar as receitas do Fundo de Segurança e Desenvolvimento para apoiar o desenvolvimento do sector dos seguros na Nigéria. Uma das razões para a criação do fundo é o cumprimento de funções semelhantes às do Motor insurers Bureau no sector dos seguros automóveis do Reino Unido, nomeadamente a indemnização das vítimas de atropelamentos ou de morte resultantes da utilização de veículos automóveis na via pública. Existem outras leis que afectam indiretamente o sector dos seguros automóveis na Nigéria. Trata-se, nomeadamente, da Companies and Allied Matters Act 1990 e da revogada Workmen Compensation Act, 1990.

DOCUMENTOS DE SEGURO AUTOMÓVEL I

Objectivos do capítulo
Depois de ler este capítulo, o leitor irá:

* Sabe o que significa o formulário de proposta.

* Ser capaz de discutir a utilização de formulários de proposta no seguro automóvel.

* Compreender as perguntas frequentes nos formulários de proposta: veículos particulares e veículos comerciais.

* conhecer o significado da nota de cobertura e os efeitos da sua utilização na atividade de seguro automóvel.

* Ser capaz de realçar o conteúdo da carta de apresentação.

* compreender o significado da apólice de seguro automóvel e o seu conteúdo.

* Conhecer o significado do autocolante do seguro automóvel e o seu conteúdo, bem como as razões que o justificam.

Significado do formulário de proposta
O formulário de candidatura é um documento concebido e impresso pela seguradora que contém uma série de perguntas, cujas respostas do potencial tomador de seguro significam que os factos materiais foram divulgados. O preenchimento do questionário constitui uma oferta do requerente à seguradora para a cobertura do seguro relativamente ao objeto descrito no formulário de pedido. A seguradora espera que o formulário de proposta preenchido e assinado seja devolvido juntamente com o pagamento do prémio inicial como prova da oferta vinculativa do proponente. A aceitação da proposta pela seguradora baseia-se no conhecimento claro que esta tem das possibilidades de sinistro descritas no formulário de proposta. Por conseguinte, as seguradoras insistem geralmente em que as perguntas do formulário de proposta sejam respondidas corretamente. Não toleram que as respostas sejam marcadas ou assinaladas como suficientes.

As seguradoras automóveis também utilizam os formulários de requerimento. Os documentos são normalizados para uma determinada seguradora e são apresentados em diferentes tipos ou formatos, consoante as categorias de veículos automóveis, por exemplo, formulários de pedido para veículos comerciais, veículos particulares e motociclos. No entanto, existem algumas apólices de seguro que não exigem formulários de candidatura. Estas seguradoras utilizam determinadas técnicas, como relatórios de vistoria ou **listas** do objeto da apólice, para obter informações que lhes permitam tomar uma decisão prudente ao aceitar a proposta do requerente. A Lei dos Seguros de 2003 estabelece na sua secção 54 que:

(i)   i)   Se uma seguradora exigir a um segurado que apresente uma Quando a seguradora preenche um formulário de pedido ou outro formulário para um pedido de seguro, o formulário deve ser redigido de modo a incluir as informações que a seguradora considera relevantes para a aceitação do pedido de seguro do risco e qualquer informação não expressamente solicitada será considerada como não relevante.

(ii)   O formulário de proposta ou outro formulário de pedido de seguro deve ser impresso num tipo de letra facilmente legível e deve ostentar de forma bem visível a seguinte menção na parte da frente: "Um agente de seguros que assista um requerente no preenchimento de um formulário de pedido ou de proposta de seguro é considerado o representante autorizado do requerente".

(iii)   Uma notificação ou declaração do segurado ao agente de seguros é considerada como uma notificação ao segurador, desde que o agente actue no âmbito das suas autorizações.

(iv)   Na presente secção, o termo "pessoa segurada" inclui igualmente um requerente de seguro.

Objetivo do formulário de proposta

O formulário de proposta pode ter vários objectivos. Estes incluem -

(a)   Ajuda a seguradora a obter informações relevantes que lhe permitem avaliar o seguro proposto antes de o aceitar.

(b)   Ajuda um candidato honesto a saber quais os factos da sua proposta que são materiais e a revelá-los.

(c)   Serve de base para o contrato de seguro se for aceite pela seguradora. Por conseguinte, o contrato de seguro só é celebrado quando a seguradora aceita o formulário de pedido devidamente preenchido e assinado. Por conseguinte, toda a correspondência entre a seguradora e o segurado deve basear-se nos factos já descritos no formulário de pedido.

(d)   O formulário de candidatura serve também como meio de publicidade da companhia de seguros e de alguns dos seus outros produtos de seguros.

(e)   Alguns formulários informam o requerente sobre as características especiais da cobertura da seguradora, tais como descontos no prémio para mais de um veículo segurado, pormenores sobre os descontos disponíveis, limites de reparação concedidos pela seguradora e uma breve descrição das coberturas disponíveis para o requerente.

**Perguntas mais frequentes sobre o
formulário de pedido de seguro automóvel**

O formulário de requerimento de seguro automóvel particular e o formulário de requerimento de seguro automóvel comercial são os formulários de requerimento de seguro automóvel mais utilizados. As perguntas mais frequentes sobre estes formulários são apresentadas em duas rubricas: Perguntas frequentes no formulário de pedido de seguro automóvel particular e Perguntas frequentes no formulário de pedido de seguro automóvel comercial.

a. Perguntas mais frequentes no formulário de pedido de seguro automóvel privado

Existem, pelo menos, cinco áreas básicas de perguntas a que a seguradora automóvel privada terá de responder para avaliar o candidato à cobertura do seguro. Estas incluem:

(i) Dados pessoais do potencial tomador de seguro

As perguntas sobre os dados pessoais visam identificar o potencial segurado e especificar o domínio do risco. As perguntas habituais referem-se ao nome e endereço do requerente, à sua profissão exacta, à sua data de nascimento ou idade (se o requerente for uma pessoa singular e não uma pessoa colectiva) e à data em que pretende subscrever o seguro.

(ii) Detalhes do veículo particular

Regra geral, os dados do veículo potencialmente segurado são solicitados para que a seguradora possa identificar o veículo e classificá-lo corretamente para efeitos de cálculo do prémio, especialmente no caso de apólices de seguro que não estão sujeitas a tarifas, como é o caso do seguro global. As perguntas mais frequentes dizem respeito à matrícula do veículo, marca e modelo, cilindrada, número do motor e do chassis, data de aquisição, ano de construção e número de lugares. Outras perguntas dizem respeito ao preço de aquisição e ao valor atual dos acessórios e do veículo, ao tipo de carroçaria, ao facto de o veículo ter sido reconstruído, modificado ou adaptado (possíveis características que se desviam do estado normal), ao estatuto de propriedade do veículo (uma indicação das pessoas que podem apresentar reclamações) e à oficina habitual do veículo. São feitas perguntas sobre os seguros anteriores do veículo, para que a seguradora possa determinar a percentagem de desconto de que o segurado beneficiou na última renovação e para que possa voltar a consultá-la, se necessário.

(iii) Pormenores da cobertura solicitada pelo requerente

O requerente tem a possibilidade de especificar o âmbito de cobertura pretendido a partir das opções disponíveis. Devido a experiências desagradáveis e à inflação, algumas seguradoras automóveis reduziram as opções para apenas duas, nomeadamente a responsabilidade civil e a cobertura total. As outras opções disponíveis incluem a cobertura legal e a cobertura pura contra terceiros, incêndio e roubo. As seguradoras também querem saber se o requerente pretende incluir disposições especiais facultativas na cobertura escolhida, uma vez que a escolha pode afetar o prémio a pagar. As disposições facultativas mais comuns incluem:

(a) Franquia facultativa ou cláusulas de franquia. Regra geral, o seguro global prevê uma franquia máxima de 10% do valor atual do veículo. Esta franquia pode ser reduzida para 7,5 %, 5 % ou 2,5 % mediante o pagamento de um prémio suplementar.

(b) Seguro de acidentes facultativo para pessoas colectivas ou empresas. Regra geral, não está previsto um seguro de acidentes que cubra os ferimentos e a morte do segurado e de todos os ocupantes do veículo privado. Mediante o pagamento de um prémio suplementar, a seguradora concede uma cobertura limitada ao abrigo desta cobertura facultativa, que é indicada por pessoa na Tabela de Prestações.

(c)   Facultativo: Danos materiais causados por terceiros. O segurado pode solicitar uma cobertura que ultrapasse o limite dos danos materiais causados a terceiros. O montante segurado pode ser aumentado de, por exemplo, 1 milhão de N, conforme exigido por lei, para outros aumentos do montante segurado exigidos e especificados.

(iv)   Pormenores sobre a utilização do veículo

Normalmente, os veículos particulares são utilizados para fins sociais, domésticos e privados ou para fins profissionais, incluindo chamadas de negócios pelo segurado, mas não para o transporte de mercadorias em regime de aluguer. No entanto, a seguradora quererá saber em pormenor se o veículo está a ser utilizado para: a. Utilização profissional por outra pessoa.

b.   Transporte de mercadorias no âmbito de uma atividade profissional. c. Viagens comerciais ou utilização no âmbito do comércio automóvel.

d. Transporte comercial de pessoas ou mercadorias, se o segurado tiver indicado as alíneas c) e/ou d), pode ser aconselhado a subscrever um seguro de veículos automóveis comerciais em vez de um seguro de veículos automóveis particulares.

v) dados do(s) condutor(es) do veículo

O requerente deve fornecer à seguradora os dados relativos ao(s) condutor(es) do veículo, para que esta possa determinar a experiência de condução e o comportamento do(s) condutor(es). Algumas das perguntas específicas são: se o seguro se limita à condução por um único condutor, incluindo um condutor remunerado (e os nomes dos condutores, em caso afirmativo); se o(s) condutor(es) esteve(aram) envolvido(s) num acidente de viação nos últimos cinco anos ou se foi(ram) condenado(s) por uma infração rodoviária nos últimos cinco anos ou se tem(ram) um processo penal pendente; ou se o seguro automóvel foi recusado, se a apólice foi cancelada, se foi aplicado um aumento/prémio ou se foram impostas condições especiais; ou se o(s) condutor(es) foi(ram) condenado(s) por qualquer tipo de infração penal nos últimos cinco anos. Ou se sofre de problemas cardíacos, diabetes, convulsões ou outra doença mental/física ou se está a tomar medicação prescrita? A seguradora pedirá informações pormenorizadas se alguma das primeiras respostas às perguntas for "sim".

O formulário de pedido de seguro automóvel privado termina com uma secção destinada a uma declaração. Ao assinar e datar a declaração, o requerente confirma que as respostas são verdadeiras e aceita a proposta como base do contrato. Isto significa que o requerente aceita que a seguradora tenha o direito de recusar o pagamento da apólice se forem detectadas informações falsas. Existem várias versões das declarações, tal como existem várias seguradoras. Aconselha-se o estudante a estudar uma série de modelos de formulários para se familiarizar com as declarações e perguntas habituais do formulário de pedido. É suficiente apresentar esta declaração exemplificativa:

Declaro, tanto quanto é do meu conhecimento e convicção, que as respostas às perguntas acima são verdadeiras e correctas. Concordo que, se outra pessoa tiver escrito uma resposta, essa pessoa será considerada o meu representante para este efeito e não o representante da seguradora. Declaro que o presente pedido de seguro foi efectuado de boa fé e que está incorporado e faz parte do contrato de seguro nos termos e condições habituais da apólice normalizada da seguradora para o ramo automóvel.

Os formulários de candidatura contêm uma série de instruções e advertências. Por exemplo, pode dizer-se:

O seguro só entrará em vigor depois de a seguradora ter declarado a sua aceitação da proposta e de ter sido emitida uma nota de cobertura ou um certificado de seguro. As seguradoras reservam-se o direito de rejeitar qualquer pedido. Além disso, as apólices são válidas apenas na Nigéria, exceto se for acordada uma extensão em contrário.

(b) Perguntas frequentes no
formulário de pedido de
seguro para veículos comerciais

As perguntas do formulário de oferta para veículos particulares são semelhantes às dos veículos comerciais, com algumas modificações para ajudar a decifrar as informações relevantes para os veículos comerciais. Por exemplo, é necessário fornecer informações sobre a utilização do veículo, em especial os fins a que se destina, se o requerente presta serviços de transporte a terceiros, se o veículo foi modificado ou adaptado para transportar cargas mais pesadas do que as indicadas nas especificações publicadas pelo fabricante e a natureza geral das mercadorias a transportar. O requerente pode igualmente ter de indicar se o veículo é um reboque. Em caso afirmativo, a seguradora quererá saber o número total e a descrição de cada reboque, incluindo a etiquetagem, o valor e a capacidade de carga. A razão para tal não é irrazoável. Trata-se de factores de avaliação, uma vez que os reboques são considerados parte do veículo, desde que estejam ligados ao veículo de alguma forma.

Importância da nota de capa

Uma nota de cobertura é uma apólice de seguro provisória. A razão para tal é o facto de ter de ser emitido um certificado de seguro ao segurado em devido tempo. Na prática do seguro automóvel, as seguradoras raramente entregam o certificado de seguro ao segurado depois de o seu pedido ter sido aceite e, aquando da renovação da apólice, o segurado pode não ter dinheiro para pagar o prémio de renovação. Para garantir que o automobilista não viola o Código da Estrada, é-lhe emitida uma nota de cobertura. A nota de acompanhamento indica, entre outras coisas, que o seguro proposto para o veículo automóvel descrito no quadro da nota de acompanhamento está coberto pelas condições da apólice normal da seguradora durante um período determinado, normalmente trinta dias. Há casos em que a cobertura do seguro é válida por um período mais curto, por exemplo, quinze dias. Além disso, a seguradora pode anular a cobertura a seu bel-prazer.

A nota de cobertura pode ser prorrogada se necessário, nomeadamente se a seguradora não tiver apresentado a apólice de seguro ou se o segurado ainda não tiver pago o prémio de renovação. O segurado é obrigado a pagar o prémio relativo ao período de vigência da declaração de cobertura, mesmo que decida subscrever um seguro junto de outra seguradora. Evidentemente, a seguradora é responsável por qualquer sinistro que ocorra após a emissão da nota de seguro, desde que o prejuízo tenha sido causado pelos factos segurados habituais na forma contratual habitual.

No seguro automóvel, a nota de cobertura tem um duplo objetivo. Em primeiro lugar, constitui uma prova do contrato de seguro celebrado entre o segurado e a seguradora. Em segundo lugar, fornece um certificado de seguro que confirma que o condutor cumpriu o Código da Estrada, que exige que todos os utilizadores de veículos a motor mantenham um seguro contra lesões corporais ou morte de outros utentes da estrada [ou seja, um seguro contra terceiros ao abrigo da Lei de 1950 relativa ao seguro de veículos a motor (seguro contra terceiros)].

Um candidato deve questionar a validade e a fiabilidade de uma carta de acompanhamento que lhe tenha sido enviada se nunca tiver preenchido um formulário de proposta. É igualmente ilegal fazer retroagir uma carta de acompanhamento ou ocultar a data efectiva de emissão da carta de acompanhamento.

Conteúdo da nota de cobertura do veículo a motor

O certificado de seguro automóvel contém o título (certificado de seguro automóvel), o nome e o endereço da seguradora, a data de emissão, a cláusula de seguro e o certificado de seguro. O quadro contém o nome do requerente, o prémio ou o depósito pago, o âmbito da cobertura de seguro concedida, as condições especiais (se aplicável), a marca do veículo, o número da matrícula, o número do quadro, o número do motor, a cilindrada do veículo, a utilização do veículo e o período de validade da cobertura de seguro. Outros pormenores são o valor do veículo, a assinatura juridicamente vinculativa da seguradora e as declarações que contêm a prova do seguro na confirmação da cobertura.

Certificado de seguro

O certificado de seguro é um ramo da apólice de seguro automóvel que certifica que o automobilista cumpriu as disposições da Lei de 1950 relativa ao seguro de veículos a motor (seguro contra terceiros). O n.º 4 do artigo 6.º da referida lei estabelece o seguinte -
Um contrato de seguro só produz efeitos para efeitos da presente lei se a seguradora autorizada emitir à pessoa que celebrou o contrato um certificado na forma prescrita, que é referido na presente lei como um certificado de seguro e contém todas as outras indicações prescritas.

O conteúdo do certificado de seguro inclui - um título (certificado de seguro); número do certificado;

Número da apólice; número de matrícula e número de matrícula do veículo; nome do tomador do seguro; data efectiva do seguro na aceção do regulamento; data do termo do seguro; pessoas ou categorias de pessoas autorizadas a conduzir; restrições de utilização; uma declaração da seguradora no final do documento confirmando que a apólice a que se refere o certificado é emitida em conformidade com as disposições do Motor Insurance Regulation 1950; e assinatura do representante autorizado da seguradora.

Tal como a confirmação da cobertura, o certificado de seguro automóvel não pode ter efeitos retroactivos. O certificado de seguro automóvel caduca na mesma data que o contrato a que se refere. Por conseguinte, deve ser emitido um novo certificado sempre que a apólice for renovada ou durante o ano de vigência do seguro, se houver uma alteração das condições do contrato que afecte os dados do veículo descritos na lista. Mais uma vez, o certificado não é transmissível e deve ser devolvido à seguradora se o veículo for alienado ou vendido.

Na prática do seguro automóvel na Nigéria, não são emitidos certificados em branco. Algumas companhias privadas de seguro automóvel emitem certificados em branco, omitindo o número da matrícula do veículo no certificado e fornecendo a seguinte descrição Descrição dos veículos: *todos os veículos a motor pertencentes ao tomador do seguro ou fornecidos ao tomador do seguro no âmbito de um contrato de aluguer.* Deste modo, não é necessário emitir um novo certificado se o tomador do seguro mudar de veículo. No entanto, a seguradora gostaria de ser informada de tal alteração.

As seguradoras automóveis utilizam o certificado de seguro para clarificar as obrigações do segurado em caso de acidente e para publicitar a sua empresa e os seus produtos. Estas informações são impressas na capa da apólice de seguro. São comuns os seguintes extractos: O QUE FAZER EM CASO DE ACIDENTE:

1. Não assumir qualquer tipo de responsabilidade, nem verbalmente nem por escrito.

2. Comunicar imediatamente o acidente à esquadra de polícia mais próxima.

3. Se houver outro veículo envolvido ou uma pessoa ferida, obtenha os nomes e endereços completos (a) do condutor, (b) da seguradora do veículo, (c) do proprietário, (d) de quaisquer testemunhas no local.

4. Comunicar o acidente ao serviço mais próximo da seguradora, tal como indicado no titular do certificado.

Autocolante do seguro automóvel (VISER)

A vinheta de seguro automóvel (VISER) é uma criação da Comissão Nacional de Seguros (NAICOM). Trata-se de uma vinheta que indica a existência de um seguro válido. A vinheta possui elementos de segurança para evitar a contrafação. Contém igualmente o número de série, a data de validade, o número da matrícula do veículo e o acrónimo da companhia de seguros emissora. Não é autorizada a apresentação de uma fotocópia do VISER em vez do original.

O sistema VISER foi lançado no mercado de seguros nigeriano em setembro de 2004. O sector introduziu o sistema principalmente para eliminar os casos predominantes de falsificação de seguros automóveis no mercado. Foi desenvolvido pela NAICOM e deve ser emitido pelas companhias de seguros aos seus segurados do ramo automóvel para que estes o possam afixar nos seus veículos como prova de uma cobertura de seguro genuína. A NAICOM é responsável pela impressão dos autocolantes com base nas encomendas feitas pelas seguradoras automóveis.

Todos os veículos que estejam efetivamente segurados devem ostentar as vinhetas como prova de seguro junto de uma companhia de seguros registada. Na Diretiva VISER, a tarifa do seguro de responsabilidade civil para veículos particulares é fixada em 5 000 N, para veículos comerciais em 7 500 N e para camiões em 10 500 N. A tarifa exclui o seguro com cobertura total para veículos automóveis.

Razões a favor do VISER
Na perspetiva da NAICOM, os objectivos do VISER incluem

(a) Separação das seguradoras automóveis falsas ou inexistentes das seguradoras automóveis registadas.

(b) Reforçar a cobrança das receitas devidas ao Estado pelas seguradoras automóveis. A NAICOM dispõe de uma percentagem do prémio a pagar em vez do custo de emissão do VISER.

(c) Constitui uma forma fácil de identificar o verdadeiro tomador de seguro automóvel, uma vez que os condutores são obrigados a afixar a vinheta no seu veículo e apenas as seguradoras registadas têm acesso ao VISER para o emitir aos seus tomadores de seguro.

(d) O sistema pode ajudar a restaurar a confiança no sector dos seguros, que tem sofrido problemas de imagem devido às actividades de falsas seguradoras de automóveis ou "touts". Com o VISER, os tomadores de seguros podem ter a certeza de que têm um seguro válido e já não têm de procurar companhias de seguros inexistentes.

DOCUMENTOS DE SEGURO AUTOMÓVEL II

Objectivos do capítulo

Depois de ler este capítulo, o leitor irá:

* Compreender o significado da expressão "certificado de seguro automóvel" e os tipos comuns de certificados de seguro automóvel.

* conhecer o conteúdo das secções mais importantes das apólices de seguro automóvel e as excepções a essas secções.

* Conhece as excepções gerais aos contratos de seguro automóvel?

* Conheça as cláusulas e condições habituais da sua apólice de seguro automóvel.

Importância do formulário para o seguro automóvel

O formulário de seguro, ou simplesmente a apólice, é um documento redigido pela seguradora que estabelece os termos e as condições do contrato de seguro. Quando o formulário é preenchido e assinado por um representante autorizado da companhia de seguros, torna-se um registo escrito do contrato entre o segurado e a seguradora. Os formulários previstos para o seguro automóvel são as apólices de seguro automóvel. São normalizados e impressos. E podem ser designados por formulários de apólices programadas.

Um formulário de apólice de seguro é um formulário para uma apólice de seguro que tem secções claramente definidas e, para a mesma seguradora, o formulário será idêntico para um ramo de seguro, por exemplo, seguro automóvel ou seguro de incêndio. Uma apólice de seguro está organizada em secções ou divisões. As secções incluem o título, o preâmbulo ou o considerando, o dispositivo, as cláusulas de exceção, as condições, a secção da apólice e a cláusula de assinatura ou de endosso. Aconselha-se os alunos a refrescarem a memória sobre este tema.

As apólices de seguro automóvel são emitidas para os diferentes ramos do seguro automóvel. Os ramos de seguro habituais são os seguros de automóveis de passageiros, de veículos comerciais, de motociclos e de veículos automóveis. Os veículos particulares, na aceção do seguro, são os veículos geralmente utilizados para fins sociais, domésticos e de recreio, com exceção dos veículos com lotação superior a doze pessoas, incluindo o condutor, das caravanas com propulsão própria e dos veículos utilizados para o transporte de mercadorias. Os veículos comerciais são os veículos utilizados para o transporte de mercadorias, os automóveis de aluguer, os autocarros, os veículos especializados e os veículos automóveis agrícolas. São exemplos de veículos para o transporte de mercadorias as carrinhas, as carrinhas de distribuição, as carrinhas de recolha, os camiões abertos e os camiões articulados, bem como as carrinhas para o transporte de mercadorias refrigeradas. Os veículos de aluguer não são veículos comprados, mas veículos utilizados para o transporte de passageiros mediante o pagamento de uma taxa. Existem três categorias de veículos de aluguer: o aluguer privado (aluguer de um veículo com condutor nas instalações privadas do operador), o aluguer público (utilização de um veículo com condutor na estrada para fins comerciais ou como táxi) e o aluguer com condutor (condução autónoma). São exemplos de veículos agrícolas a motor os tractores, as prensas de debulha e de enfardamento autopropulsionadas, bem como os tractores, os tambores de arrasto, as ceifeiras-debulhadoras e os secadores de erva. É de notar que os arados ou as grades fazem parte do trator enquanto estiverem ligados a ele.

Os motociclos são todos os tipos de bicicletas com propulsão mecânica, incluindo os triciclos e os ciclomotores (pequenos motociclos com pedais como meio de propulsão alternativo). Os veículos do comércio automóvel são veículos que se encontram à guarda de garagens ou oficinas de reparação e que são objeto de manutenção ou reparação, incluindo os veículos postos à venda pelos concessionários. O operador do comércio de veículos automóveis é designado por concessionário de veículos automóveis.

Independentemente do ramo de seguro automóvel, as coberturas ou apólices disponíveis são as mesmas. O segurado de qualquer classe de veículo pode escolher entre as apólices disponíveis, ou seja, apenas responsabilidade civil, apenas responsabilidade civil, responsabilidade civil, incêndio e roubo e cobertura total. No entanto, por razões de mercado e de subscrição, a seguradora pode decidir não fornecer cobertura ao potencial segurado, por exemplo, apenas para responsabilidade civil e apenas para incêndio e roubo.

Seguro automóvel privado
Independentemente da subdivisão habitual na apólice de seguro, o seguro automóvel privado divide-se em três ramos. As três secções correspondem a três categorias de cobertura de seguro, a saber

Section I - Perda ou danos no veículo seguro;

Section II - Responsabilidade perante terceiros; e

Section III - Custos médicos.

Secção I - Perda ou dano do veículo seguro
Esta secção aplica-se se o segurado optar por um seguro com cobertura total. A seguradora paga uma indemnização por perda ou dano do veículo automóvel e/ou dos seus acessórios durante a viagem:

(a)   Colisão acidental ou capotamento em consequência de um defeito mecânico ou de desgaste;

(b)   Por incêndio, explosão externa, combustão espontânea ou queda de raio ou por roubo, furto ou roubo;

(c)   Através de uma ação maliciosa;

(d)   durante o transporte (incluindo as operações de carga e descarga associadas ao transporte) por estrada, caminho de ferro, via navegável interior, ascensor ou elevador.

Mais uma vez, se o veículo automóvel ficar inutilizado na sequência de um sinistro descrito nas alíneas a) a d) supra, a seguradora pagará as despesas razoáveis de proteção e de transporte até à oficina de reparação mais próxima e de entrega no país onde ocorreu o sinistro, dentro dos limites da responsabilidade. Também não é invulgar que a seguradora autorize o segurado a mandar reparar o veículo a motor necessário na sequência de um sinistro pelo qual a seguradora é responsável, desde que

(a)   O custo estimado de tal reparação não excede o custo máximo de reparação permitido;

(b)   seja apresentada sem demora à seguradora uma estimativa pormenorizada dos custos; e

(c)   A seguradora deve apoiar o segurado na verificação da necessidade de tal reparação e da adequação dos custos.

Algumas seguradoras concedem ao segurado prestações suplementares se este pagar integralmente o prémio adicional relativo às prestações suplementares:

(i)   Sob reserva de determinadas excepções, a seguradora indemnizará o segurado, o marido/esposa ou qualquer outro passageiro não pagante do veículo (que não seja o condutor pagante) em caso de acidente que provoque a morte ou lesões corporais ou durante a viagem no veículo segurado e ao entrar e sair do veículo, tal como especificado na lista de prestações. Trata-se de uma prestação/um seguro de acidentes pessoais.

(ii)   Sob reserva do pagamento de um prémio adicional adequado, a franquia obrigatória da apólice será reduzida de acordo com as indicações da apólice de seguro.

O segurador não é responsável, em relação à secção I, por

(i)   Danos consequentes (perda de utilização), depreciação, desgaste, avarias mecânicas ou eléctricas, falhas ou rupturas.

(ii)   Danos nos pneus, desde que o veículo não seja danificado ao mesmo tempo.

Secção II - Responsabilidade perante terceiros

Nos termos desta secção, em caso de acidente causado ou resultante da utilização do veículo a motor, a seguradora indemnizará o segurado por todos os montantes, incluindo os custos e despesas da pessoa lesada, pelos quais o segurado seja legalmente responsável:

(a)   Morte ou lesão corporal de qualquer pessoa, exceto se a morte ou lesão resultar do emprego dessa pessoa pelo segurado e excluindo a responsabilidade de qualquer pessoa pelo segurado e excluindo a responsabilidade de qualquer pessoa que seja membro do agregado familiar do segurado e seja passageiro no veículo a motor, exceto se essa pessoa for transportada ao abrigo ou no decurso de um contrato de trabalho. [A responsabilidade da seguradora a este respeito é ilimitada.]

(b)   Danos causados a objectos que não pertençam ao segurado ou que estejam à sua guarda ou à guarda de um membro do seu agregado familiar.

A seguradora assumirá todos os custos e despesas incorridos com o seu consentimento escrito.

As partes a) e b) dos compromissos da secção II são abrangidas pelo seguro global e a parte a) aplica-se apenas ao seguro só de bens ou só de responsabilidade civil ou só de incêndio e roubo.

Outras disposições relativas à Secção II

Sem prejuízo da limitação da indemnização, as seguradoras pagam igualmente uma indemnização nos seguintes casos

(i)   Se um condutor autorizado estiver a conduzir o veículo a motor, desde que esse condutor não tenha direito a indemnização ao abrigo de outra apólice de seguro e tenha respeitado os termos e condições da apólice de seguro como o segurado o teria feito.

(ii)   Se o segurado conduzir um outro veículo a motor (que não seja uma motocicleta) que não lhe pertença e que não lhe tenha sido entregue no âmbito de um contrato de aluguer.

(iii)   Em caso de morte do segurado ou de morte de uma pessoa com direito a indemnização, a seguradora paga a indemnização ao representante legal, desde que este tenha respeitado as condições do seguro como o segurado o teria feito.

De acordo com a secção II do contrato de seguro automóvel, a seguradora pode igualmente agir de forma discricionária:

(a)   assegurar a representação no inquérito de uma morte que possa ser objeto de indemnização; e

(b)   Assumir a defesa em tribunal em relação a actos ou alegadas infracções que tenham conduzido ou estejam relacionados com um acontecimento que possa ser objeto de indemnização.

Em contrapartida, o segurador não é responsável no que respeita à secção II do contrato:

(a)   A menos que a pessoa que conduz o veículo a motor seja titular de uma carta de condução para conduzir esse veículo e não esteja excluída da aquisição ou posse dessa carta;

(b)   A menos que a pessoa que conduz ou utiliza o veículo a motor tenha obtido a autorização do segurado; e deve cumprir as condições, excepções e requisitos da apólice, caso existam, e não tem direito a indemnização ao abrigo de qualquer *outra* apólice;

(c)   por morte ou lesões corporais de qualquer pessoa decorrentes e relacionadas com o emprego dessa pessoa; e

(d)   Por danos em veículos ou objectos que sejam propriedade ou estejam
à guarda do segurado ou de um membro do seu agregado familiar.

Secção III - Despesas médicas

Esta secção aplica-se às pessoas que subscrevem um seguro global.
A secção tem normalmente a seguinte redação *Até aos limites de
responsabilidade, a seguradora pagará ao segurado as despesas médicas
razoáveis incorridas em relação a um dano corporal violento, acidental,
externo e visível*

Excepções gerais

As circunstâncias seguintes aplicam-se a todos os ramos de seguro
automóvel - seguro automóvel particular, seguro automóvel comercial, seguro
automóvel comercial e seguro de motociclos. A seguradora não é responsável
nos seguintes casos:

(1)   Todos os acidentes, perdas, danos e/ou responsabilidades causados
ou incorridos fora da área geográfica;

(2)   Qualquer reclamação decorrente da responsabilidade contratual;

(3)   Qualquer acidente, perda ou dano que ocorra quando o veículo
segurado (a) é utilizado de forma diferente das restrições de
utilização ou (b) é conduzido por uma pessoa que não seja um
condutor autorizado pelo segurado;

(4)   (a) Acidentes, perda ou dano de bens de qualquer tipo ou qualquer
perda ou despesa resultante ou perda ou dano consequente;

(5)   Qualquer responsabilidade, qualquer que seja a sua natureza, direta
ou indiretamente causada ou contribuída por ou resultante de
radiações ionizantes ou contaminação por radioatividade de
combustível nuclear ou resíduos nucleares resultantes da combustão
de materiais nucleares. (Para efeitos desta isenção, o termo
"incineração" inclui qualquer processo auto-sustentado de cisão
nuclear, acidente, perda, dano ou responsabilidade direta ou
indiretamente causada ou contribuída por ou resultante de material
de armas nucleares).

(5) Qualquer perda direta ou indireta, dano e/ou responsabilidade (exceto
danos a terceiros) direta ou indiretamente causados por,
contribuídos por, resultantes de ou decorrentes de inundações,
tufões, furacões, erupções vulcânicas, terramotos ou outros actos da
natureza, invasão, hostilidades estrangeiras ou actos de guerra (antes
ou depois de uma declaração de guerra), guerra civil, greve, motim,
comoção civil, motim, rebelião, revolução, insurreição, poder
militar ou usurpado ou por consequências directas ou indirectas de
qualquer dos eventos acima referidos.

A apólice de seguro para veículos comerciais

A apólice de seguro normalizada para veículos comerciais divide-se
em três secções ou categorias de compromissos de indemnização. Estas
secções são as seguintes Secção I - Secção do casco (perda ou dano do veículo)

veículo segurado);
Secção II - Responsabilidade perante terceiros; e Secção III - Reboque de
veículos deficientes

Section I - Departamento de sinistros próprio

Esta secção só se aplica ao seguro global. Nesta secção, a seguradora compromete-se a indemnizar o segurado por perdas ou danos no veículo a motor e/ou nos seus acessórios enquanto este se encontrar na aceção da secção I da apólice de seguro automóvel particular. Existem excepções semelhantes com duas excepções adicionais à secção I. Estas excepções decorrem do tipo de utilização e dos riscos associados aos veículos comerciais. As excepções adicionais são as seguintes (i) danos causados por sobrecarga ou excesso de carga; e (ii) danos causados pela explosão de uma caldeira que faça parte ou esteja ligada ao veículo a motor.

Section II - Responsabilidade perante terceiros

Nos termos da presente secção II, a seguradora indemnizará, dentro dos limites da responsabilidade, todas as quantias, incluindo as custas e despesas do requerente, que o segurado seja legalmente obrigado a pagar relativamente a

(i)   Morte ou lesão corporal de uma pessoa causada por ou resultante da utilização (incluindo carga e/ou descarga) do veículo a motor.

(ii)   Danos materiais causados por ou resultantes da utilização (incluindo carga e/ou descarga) do veículo a motor.

As excepções à Secção II são

(a)   Morte, ferimentos ou danos causados ou surgidos fora da faixa de rodagem ou da estrada em relação com o transporte da carga para o veículo a motor para ser carregada ou com a remoção da carga do veículo a motor após a descarga;

(b)   Morte ou lesões corporais de uma pessoa que tenha uma relação de trabalho com o segurado, decorrentes do exercício dessa relação de trabalho;

(c)   Morte ou lesões corporais de uma pessoa (com exceção dos passageiros transportados com base num contrato de trabalho) que esteja a ser transportada no veículo a motor ou que esteja a entrar ou a sair do veículo a motor no momento da ocorrência do evento que dá origem ao sinistro;

(d)   Danos a bens pertencentes ao segurado ou a um membro do seu agregado familiar, detidos em confiança pelo segurado ou à sua guarda ou controlo, ou transportados pelo veículo a motor;

(e)   Danos em pontes e/ou básculas e/ou viadutos e/ou estradas e/ou objectos subjacentes causados por vibrações ou pelo peso do veículo a motor e/ou pela carga transportada pelo veículo a motor;

(f)   danos materiais causados por ou resultantes de faíscas ou cinzas provenientes do veículo a motor ou da explosão da caldeira do veículo a motor; e

(g)   Morte ou lesão corporal causada por ou resultante da explosão da caldeira do veículo a motor, exceto se a morte ou lesão corporal for causada por ou resultar da utilização do veículo a motor numa estrada.

No entanto, a seguradora suportará todos os custos e despesas incorridos com o seu consentimento escrito.

A Secção II da Apólice de Veículos Comerciais contém disposições semelhantes relacionadas com o condutor autorizado, o representante pessoal/legal e a escolha da defesa legal num tribunal relativamente a actos que possam ser objeto de indemnização ao abrigo da Secção II.

Secção III - Reboque de veículos deficientes

É interessante notar que, ao contrário do seguro automóvel privado, o seguro de veículos comerciais não cobre os custos de emergências médicas. A secção III da apólice é uma extensão da secção II, especialmente quando o veículo comercial é utilizado para rebocar um veículo de propulsão mecânica com deficiência. Assim, a seguradora pagará a indemnização prevista na secção II da apólice, sob reserva das condições e limitações nela previstas em matéria de responsabilidade decorrente do reboque do veículo. No entanto, a seguradora não é responsável, se o veículo rebocado for rebocado a título oneroso, pelos danos causados ao veículo rebocado ou às mercadorias com ele transportadas.

A apólice de seguro para motociclos

Existe apenas um formulário de seguro, que é emitido tanto para motociclos particulares como para motociclos comerciais. O contrato tem duas secções, a saber, a secção de responsabilidade civil e a secção de cobertura global. Estas duas secções correspondem às da apólice para os veículos automóveis particulares.

Section I   Perda ou danos na bicicleta segurada

Nesta secção, a seguradora compromete-se a indemnizar o segurado pela perda ou pelos danos causados à motocicleta descrita na apólice de seguro (incluindo o carro lateral permanentemente montado). A cobertura do seguro aplica-se igualmente aos acessórios e peças sobressalentes que se encontrem na moto. E para o roubo de acessórios e peças sobressalentes, se a moto for roubada ao mesmo tempo. As excepções à secção I aplicam-se como no seguro de veículos particulares.

Section II   - Responsabilidade perante terceiros

Esta secção prevê a indemnização no caso de o tomador do seguro causar a morte ou lesões corporais a terceiros ou danos materiais a terceiros.

Partes. É claro que a lei estipula que só pode ser transportada uma pessoa, para além do condutor, num motociclo de duas rodas e que essas pessoas devem sentar-se ao volante da máquina, que deve ter um assento adequado e apoios para os pés firmemente fixados.

As excepções a esta secção são as mesmas que para o seguro de veículos particulares. Outras disposições da secção permitem as seguintes circunstâncias:

(a)   Condução por um condutor autorizado;

(b)   Não há indemnização para os passageiros que causaram o acidente;

(c)   Em caso de morte do tomador do seguro, o seu representante legal recebe a indemnização;

(d)   O representante legal de uma pessoa com direito a indemnização recebe a indemnização nas condições previstas no contrato;

(e)   O segurador suportará as despesas da pessoa lesada e, se for caso disso, as custas judiciais até ao limite da indemnização.

Seguro de responsabilidade civil automóvel

Este contrato é composto por duas secções: Secção I - Perdas e danos e Secção II - Responsabilidade civil. A secção I do contrato prevê uma indemnização em caso de perda ou de danos no veículo automóvel causados por acidente, incêndio, explosão externa, combustão espontânea ou raio, bem como por roubo ou furto. Não estão cobertos os danos causados por dolo ou durante o transporte. As excepções previstas nesta secção são praticamente as mesmas que as previstas na secção I do seguro de veículos particulares.

A secção II garante ao segurado a indemnização de todas as quantias, incluindo os custos e despesas da pessoa lesada, pelas quais o segurado é legalmente responsável em caso de acidente causado ou resultante da utilização do veículo automóvel:

(a)   morte ou lesão corporal de qualquer pessoa, exceto se a morte ou lesão resultar do emprego dessa pessoa pelo segurado e exclui a responsabilidade por qualquer pessoa que seja membro do agregado familiar do segurado e passageiro do veículo a motor; e

(b)   Danos causados a objectos que não pertençam ao segurado ou que estejam à sua guarda ou à guarda de um membro do seu agregado familiar.

As cláusulas habituais do seguro automóvel As cláusulas habituais de qualquer apólice de seguro automóvel são as seguintes

(a)   A cláusula de prevenção

Esta cláusula aparece geralmente na parte da frente da apólice e indica que certas condições e direitos de recuperação estão excluídos. Esta cláusula reconhece que a seguradora pode regularizar um pedido de indemnização de um terceiro ao abrigo da Lei do Seguro Obrigatório se, em princípio, tiver a liberdade de rejeitar o contrato pelo facto de o segurado ter violado determinadas condições materiais do contrato. A anulação de um contrato deste tipo não permite à seguradora recusar o pagamento do pedido de indemnização do terceiro. No entanto, esta cláusula obriga o segurado que foi indemnizado nestas circunstâncias a reembolsar o segurador por quaisquer pagamentos que este tenha sido obrigado a efetuar ao abrigo das disposições legais. Esta disposição consta da secção 10 da Lei de 1950 relativa ao seguro de veículos a motor (seguro de terceiros) e este recurso raramente é utilizado pelas seguradoras.

(b)   Limites da cláusula de indemnização

Se várias pessoas tiverem de ser indemnizadas ao mesmo tempo e a apólice prever um limite de indemnização, este limite aplica-se ao montante total da indemnização para todas as pessoas a indemnizar, começando pela primeira pessoa segurada. Esta disposição não se aplica aos danos corporais, uma vez que, neste caso, não deve existir qualquer limitação da responsabilidade.

(c)   Cláusula de superação

As apólices de seguro automóvel estão normalmente sujeitas a uma franquia. Esta franquia pode aplicar-se a algumas ou a todas as secções da apólice. No entanto, muitas seguradoras limitam a sua aplicação à secção I do seu seguro global. A franquia é frequentemente indicada como um montante fixo ou como uma percentagem do custo do sinistro, consoante o que for mais elevado. O tomador de um seguro global que esteja disposto a pagar um prémio suplementar pode beneficiar de uma redução da franquia habitual. Esta redução é proporcional ao prémio adicional pago. Também não é raro que o tomador de seguro assuma uma franquia voluntária superior à franquia obrigatória habitual. Neste caso, é concedido um desconto sobre o prémio normal em função do montante da franquia voluntária.

(d)   Cláusulas de desconto por ausência de sinistro (NCD)

Se o tomador do seguro não tiver apresentado sinistros no momento da renovação de uma apólice, pode beneficiar de um desconto no prémio de renovação a pagar com base no número de anos anteriores à data de renovação em que não foram apresentados sinistros. Na Nigéria, a NCD não se aplica aos seguros de responsabilidade civil e de bens.

(e)   Cláusulas de endosso

As apólices de seguro de veículos automóveis contêm frequentemente vários averbamentos. Neste caso, os averbamentos são anexados à lista de apólices e cada anexo é frequentemente numerado e indicado na lista de apólices como parte integrante da apólice.

**As condições comuns do
seguro automóvel**

Os termos e condições de um contrato de seguro referem-se a disposições expressas ou implícitas que servem o objetivo:

(i)   Recordar ao segurado e aos seus representantes autorizados as disposições do direito comum;

(ii)   Restringir a cobertura pretendida;

(iii)   Concessão de privilégios ao segurado; e

(iv)   Descrição de determinados procedimentos relacionados com o contrato de seguro.

As condições comuns que são normalmente expressas na apólice de seguro automóvel incluem as seguintes:

(i)   Documentos que especificam o contrato

Esta condição recorda ao segurado que a apólice e o plano de seguro devem ser lidos em conjunto com o certificado de seguro válido, a fim de compreender corretamente a apólice. Além disso, indica que as palavras ou expressões que têm um significado particular num destes documentos têm o mesmo significado nos três documentos.

(ii)   A anulação deve ser efectuada por escrito

Esta condição estipula que o segurado deve enviar à seguradora um aviso de sinistro por escrito para um endereço especificado na apólice.

(iii)   Manutenção do veículo

A seguradora espera que o segurado mantenha o veículo de forma adequada para evitar acidentes e que tome todas as medidas razoáveis para o proteger de perdas ou danos.

(iv)   Acesso gratuito à inspeção do veículo

A seguradora reserva-se o direito de solicitar uma inspeção do veículo segurado, do condutor ou de um empregado do segurado que seja responsável pelo veículo. A seguradora tem assim a possibilidade de se certificar, a qualquer momento, do bom estado do veículo ou de formular recomendações susceptíveis de alterar o contrato.

(v)   Notificação dos pedidos de indemnização

Por conseguinte, o segurado é obrigado a notificar o segurador de um sinistro sem demora, a fim de facilitar a regularização do mesmo. É sublinhada a necessidade de agir atempadamente em relação à notificação. Se o segurado tiver conhecimento da iminência de um processo judicial, de uma investigação ou de um acidente mortal que esteja de alguma forma relacionado com um acidente que envolva o veículo segurado, deve proceder imediatamente à notificação. Em caso de roubo ou de qualquer outra infração penal que possa ser objeto de um sinistro, o segurado deve notificar imediatamente a polícia e cooperar com a seguradora para obter a condenação do infrator.

(vi) Não reconhecimento de culpa

O segurado é obrigado a não reconhecer a sua responsabilidade, a não oferecer ou prometer um pagamento ou a não autorizar outra pessoa a fazê-lo em seu nome, exceto se a seguradora tiver dado o seu consentimento prévio por escrito. Neste contexto, a seguradora recorda que pode assumir as negociações com a pessoa lesada, assumir a defesa do segurado ou processar o terceiro em nome do segurado. Neste caso, o segurado é obrigado a fornecer as informações solicitadas pela seguradora.

(vii) Alteração do risco

O segurado deve informar a seguradora se surgirem circunstâncias que afectem o risco segurado ou se o interesse do segurado num veículo automóvel segurado for transferido. Em caso de transferência de interesses sem o consentimento da seguradora, o seguro deixa de ser válido.

(viii) Anulação da apólice

Cada uma das partes do contrato de seguro tem a possibilidade de rescindir o contrato mediante um pré-aviso de sete dias. Se o segurador anular o contrato, considera-se que o aviso foi devidamente notificado com sete dias de antecedência se tiver sido enviado para o último endereço conhecido da pessoa segurada. O segurador que anula um contrato é igualmente obrigado a reembolsar a parte do prémio que não foi utilizada proporcionalmente para a cobertura do seguro. Se o segurado anular a sua apólice, receberá um reembolso, desde que não tenha sido apresentado qualquer pedido de indemnização.

(ix) Fraude

Todos os direitos decorrentes da apólice serão considerados perdidos se qualquer reclamação feita ao abrigo da apólice for fraudulenta ou se o segurado ou qualquer pessoa agindo em seu nome utilizar meios ou dispositivos fraudulentos para obter qualquer benefício ao abrigo da apólice.

(x) Arbitragem

A cláusula de arbitragem garante que, nos casos em que a seguradora e o requerente não cheguem a acordo, a questão deve ser submetida a um árbitro a nomear por escrito por ambas as partes, em conformidade com a cláusula. A condição torna claro que a decisão arbitral é uma condição prévia a qualquer direito de ação contra a seguradora. Também estabelece que, se a seguradora rejeitar a responsabilidade e o requerente não submeter a questão à arbitragem no prazo de doze meses de calendário a contar da data da rejeição, o pedido é considerado abandonado para todos os efeitos e não pode ser prosseguido posteriormente.

(xi) Cumprimento das condições de seguro

Esta condição obriga o segurado a respeitar e a cumprir as condições, disposições e endossos do contrato. Em caso de incumprimento, a seguradora pode recusar a sua responsabilidade. Esta condição inclui igualmente o facto de o segurado aceitar que a veracidade das informações prestadas no formulário de candidatura, tanto quanto é do seu conhecimento e convicção, constitui uma condição prévia à responsabilidade da seguradora.

(xii) Condições do prémio (outros seguros)

Se existirem várias seguradoras, cada uma delas compromete-se geralmente a pagar apenas a sua parte dos prejuízos. Esta condição não se aplica à secção relativa à cobertura de acidentes, se for caso disso.

(xiii) Tipo de indemnização

A seguradora declara que pode, à sua discrição, reparar, restaurar ou substituir o veículo a motor ou qualquer parte dele e/ou os seus acessórios ou pagar em dinheiro o montante da perda ou dano, desde que a responsabilidade da Seguradora não exceda o valor real das peças danificadas ou perdidas mais o custo razoável da montagem e não exceda, em caso algum, a estimativa do Segurado do valor do Veículo Motorizado (incluindo acessórios) conforme indicado nas Condições Particulares ou o valor do Veículo Motorizado (incluindo acessórios) no momento da perda ou dano, consoante o que for mais baixo.

AVALIAÇÃO DO RISCO E
FIXAÇÃO DE PREÇOS NO SEGURO AUTOMÓVEL

Objectivos do capítulo

Depois de ler este capítulo, o leitor irá:

* Compreender a importância da subscrição e dos procedimentos de subscrição para novos negócios e renovações.

* Conhece as medidas técnicas do seguro automóvel.

* Compreender como são calculados os prémios de seguro automóvel, em especial os factores de classificação.

* Conhece as vantagens adicionais do seguro automóvel que implicam para o segurado um prémio suplementar?

* Compreender os descontos actuais no seguro automóvel.

* Conhece as diferentes disposições do seguro automóvel, por exemplo, para reboques, veículos imobilizados, seguro de curta duração, responsabilidade civil, mudança de proprietário e mudança de utilização.

Importância da subscrição no sector dos seguros

Durante o processo de subscrição, a seguradora avalia a importância dos factos materiais fornecidos pelo requerente. A seguradora quer saber qual é a probabilidade de um sinistro resultante das condições do objeto do seguro. Esta informação deve ajudá-lo a decidir se aceita ou não o seguro proposto. E, se aceitar a proposta, quais as medidas e condições que deve impor para poder cumprir a obrigação prevista.

Uma vez que a apólice de seguro é um contrato celebrado de boa fé, a seguradora atribui importância à informação sobre o risco proposto. A este respeito, o formulário de candidatura é precioso. Dá à seguradora uma visão global da proposta e do objeto do seguro, por exemplo, o veículo automóvel. A experiência da seguradora e do sector ao longo dos anos constitui também uma importante fonte de informação para a subscrição. Isto permite à subscrição efetuar inquéritos mais pormenorizados, por exemplo, junto do proponente ou dos seus representantes, e fornecer-lhes as informações necessárias para a subscrição. O segurador/subscritor não está a agir de forma imprópria ao exigir uma inspeção física do risco proposto. Pelo contrário, o prémio e as condições oferecidas pelo subscritor reflectem a sua avaliação do risco proposto.

Subscrição de novos negócios

Um novo negócio é um pedido de seguro apresentado pela primeira vez no mercado de seguros ou a uma determinada seguradora. É o primeiro pedido de cobertura de seguro para o objeto do seguro. Se um automóvel for comprado novo, o pedido de seguro pode ser descrito como um novo negócio.

O processo prático de subscrição de novos negócios inclui o seguinte:

1. Entrega do formulário de oferta correspondente ao candidato para preenchimento e apresentação.

2. Inspeção do veículo (para verificar se o objeto seguro está presente).

3. Pedido de uma cópia da carta de condução do veículo e de uma cópia da carta de condução do veículo
   da prova de compra.

4. Se os documentos supracitados não estiverem completos, o requerente deve efetuar um pagamento parcial do prémio calculado e será emitida uma nota de cobertura.

5. Caso contrário, a avaliação de risco é concluída e é tomada uma decisão de aceitação ou rejeição.

6. Se o prémio for aceitável, é calculado com base no manual de seguros/tabela de taxas, tendo em conta todos os descontos e benefícios necessários.

7. Após o pagamento do prémio integral, o certificado de seguro é entregue ao segurado.

8. Inscrição do contrato de seguro no registo de contratos relevante e documentação do contrato, incluindo todos os endossos necessários.

9. Envio da apólice de seguro ao segurado.

Renovação de empresas

A atividade de renovação é a renovação da cobertura do seguro. Um contrato de seguro automóvel expira normalmente ao fim de um ano. No final de um ano de seguro, o contrato deve ser renovado. No final deste período, as partes contratantes são, por conseguinte, livres de prorrogar o contrato por um novo período.

O processo de subscrição previsto para a renovação do negócio inclui:

a. Entrega ao segurado, três meses antes do termo do contrato de seguro, de um aviso de renovação e de uma ficha de valores revista. O aviso de renovação deve indicar o desconto concedido e o prémio a pagar aquando da renovação, se o capital seguro não tiver sofrido alterações.

b. Se o segurado manifestar a sua vontade de renovar o seguro e ainda não tiver pago o prémio de renovação, ser-lhe-á emitida uma nota de cobertura. Caso contrário, será emitido um certificado de seguro e o certificado será alargado com um averbamento correspondente.

c. Se o aviso de renovação for aceite e a vontade de renovar for indicada juntamente com uma reavaliação adequada do veículo a motor, o prémio a pagar será ajustado em conformidade e o documento de seguro será devidamente endossado para indicar o novo valor/soma do veículo.

Medidas de subscrição no
seguro automóvel

As medidas de subscrição são as acções que o subscritor pode tomar para dar a conhecer a um potencial segurado a seriedade com que encara o risco proposto e para tentar proteger a atividade seguradora de perdas evitáveis. Estas medidas podem ser utilizadas individualmente ou em combinação, consoante o caso. As medidas incluem:

1. Declinação

Isto significa que a proposta de seguro apresentada pelo requerente é rejeitada liminarmente. Se a seguradora duvidar do interesse segurável do requerente ou tiver razões para suspeitar de riscos morais graves relacionados com o risco proposto, rejeita a proposta.

2. Carregar o prémio

Esta medida consiste em cobrar um prémio adicional relativamente pequeno ou uma sobretaxa para além do prémio normal. É geralmente o caso de condutores inexperientes ou de veículos com características especiais, como vidros fumados ou decorações atractivas.

3. Limitação da cobertura

Esta medida implica a restrição ou exclusão de determinadas disposições da apólice de seguro. Em vez de um seguro com cobertura total, a seguradora pode, por exemplo, limitar a cobertura do seguro a um seguro de responsabilidade civil, incêndio e roubo ou apenas a um seguro de responsabilidade civil. Também neste caso, podem ser excluídas algumas das vantagens do seguro com cobertura total, por exemplo, o risco de roubo no escuro, a condução de outro veículo e a redução ou exclusão das prestações em caso de acidente.

4. Restrição de condução

Esta medida inclui a suspensão do condutor ou a restrição do condutor do veículo seguro. As circunstâncias do veículo podem obrigar a seguradora a restringir a condução do veículo seguro a um condutor designado ou a excluir o tomador do seguro da condução do veículo, quer por ter sido condenado por uma infração rodoviária, quer por ter um historial de seguro deficiente ou uma condução imprudente.

5. Imposição ou aumento da franquia

Esta medida visa tornar o segurado co-segurador do veículo automóvel segurado. Regra geral, a apólice de seguro automóvel contém uma cláusula de franquia. Neste caso, a seguradora pode impor uma franquia adicional de, por exemplo, NX, se a apólice cobrir danos globais.

Cálculo do prémio do seguro automóvel

O prémio é o preço a pagar pela cobertura do seguro. É a contrapartida que o segurado paga pela promessa da seguradora de pagar o montante seguro ou o seu equivalente se ocorrer o acontecimento seguro. Não é fixado de forma arbitrária. Pelo contrário, no caso dos seguros obrigatórios, como o seguro automóvel, exige uma abordagem científica e o cumprimento das disposições legais. A Secção 5(1) da Lei dos Seguros de 2003 estabelece: *Nenhum segurador pode, por si próprio ou como membro de uma associação de seguradores, proceder a qualquer aumento geral da taxa mínima do prémio cobrada ou a cobrar em relação a qualquer ramo de seguro especificado por lei, a menos que a Comissão (ou seja, a Comissão Nacional de Seguros) o tenha autorizado previamente.*

A secção 52(1)-(2) da lei prevê que a Comissão pode nomear periodicamente um comité ad hoc para tratar de questões relacionadas com qualquer ramo de seguro prescrito por lei na Nigéria. O comité nomeado será composto por um número de pessoas e desempenhará as funções que a Comissão possa determinar periodicamente.

Existem duas categorias de fixação de prémios na política de seguros nigeriana, especialmente no seguro automóvel. São elas o sistema tarifário e o sistema não tarifário. **No sistema tarifário,** o sector e a Comissão Nacional de Seguros fixaram um prémio fixo mínimo a pagar. É o caso da apólice de responsabilidade civil e da apólice de responsabilidade civil. **O sistema não tarifário** permite que a seguradora determine o prémio a pagar para cobrir a parte do tomador do seguro nos riscos que dão entrada no fundo de seguro automóvel, com base na sua experiência específica com a carteira de seguros e o âmbito da cobertura. Os prémios dos seguros de cobertura total e de responsabilidade civil, incêndio e roubo não são regulados por uma tarifa.

Fator de fixação do preço do seguro automóvel

Os grupos de pessoas que podem ter direito a uma indemnização ao abrigo do seguro automóvel são os seguintes: o condutor, o utilizador, qualquer passageiro, o condutor autorizado e o representante legal das pessoas cobertas pelo seguro em caso de morte. O subscritor necessita de informações úteis sobre os três grandes domínios de risco propostos, a fim de assegurar uma representação adequada no agrupamento automóvel e os interesses das partes envolvidas, nomeadamente da seguradora e dos potenciais requerentes. As informações necessárias dizem respeito ao veículo automóvel segurado, ao tomador do seguro e aos potenciais condutores, bem como ao tipo de cobertura solicitado pelo segurado.

(a)   O veículo segurado

Os requisitos de informação para o veículo segurado incluem o seguinte:

1.   O valor do veículo no momento da subscrição do seguro,

nomeadamente se se tratar de um seguro com cobertura total ou de um seguro de responsabilidade civil, incêndio e roubo. Este valor indica o montante seguro para os danos globais.

2. A utilização prevista do veículo fornece informações sobre a extensão do risco associado. Parte-se do princípio de que os veículos utilizados apenas para fins privados são menos conduzidos do que os veículos utilizados para fins empresariais ou comerciais e, por conseguinte, são menos propensos a acidentes. No caso dos veículos utilizados para fins comerciais, é possível determinar se se trata de um risco rodoviário comercial ou de um veículo utilizado para o transporte de mercadorias (transporte geral de mercadorias) ou de um veículo de aluguer (táxi) ou de um autocarro utilizado para o transporte de passageiros ou de um veículo de aluguer (viagens de aluguer) ou ainda de um tipo especial (não classificado). A taxa de prémio para os veículos afectos ao transporte de mercadorias deve ser inferior à dos veículos afectos ao transporte geral de mercadorias.

3. A lotação do veículo, se for utilizado para o transporte de passageiros, fornece uma indicação do número previsto de pedidos de indemnização por danos pessoais ou morte ou de prestações por acidente (se alargadas).

4. O tipo de carroçaria do veículo dá uma indicação da utilização provável que pode ser dada ao veículo, apesar da utilização prevista declarada. O mesmo se pode concluir do conhecimento da cilindrada do veículo.

5. A marca do veículo é obrigatória porque algumas marcas de veículos são atractivas para os ladrões e os assaltantes de automóveis.

6. A idade do veículo é importante, uma vez que os veículos mais antigos podem ter uma experiência de sinistros mais fraca. Muitas seguradoras não oferecem um seguro com cobertura total para veículos antigos.

7. Qual a disponibilidade de peças sobresselentes? Isto pode ser útil se o segurado quiser apólices classificadas ou antigas para uma nova cobertura.

8. A garagem habitual ou a zona onde o veículo é normalmente estacionado pode dar uma indicação do grau de segurança do veículo.

(b) O segurado e os potenciais condutores

As informações necessárias sobre o segurado e os possíveis condutores para tomar uma decisão sobre o seguro incluem

1. A profissão do segurado, se for uma pessoa singular, é importante, uma vez que algumas profissões exigem a utilização frequente do veículo e podem expô-lo a roubo ou outros danos.

2. A idade do condutor é também um aspeto importante do seguro. Os condutores jovens têm mais acidentes do que os condutores mais

velhos. As pessoas em idade de reforma têm geralmente menos acidentes do que as pessoas activas, mas é frequente surgirem deficiências físicas ou mentais com o avançar da idade.

3. A experiência dos condutores em matéria de sinistros é um dado essencial que indica o risco moral do condutor, o que pode exigir a aplicação de medidas de subscrição, tais como restrições de condução ou uma redução da cobertura.

4. Os principais condutores do veículo podem indicar que o segurado não é o condutor habitual. A seguradora pode efetuar mais inquéritos sobre as características etárias dos condutores.

(c) Tipo e âmbito da cobertura de seguro solicitada pelo segurado

A cobertura exigida pelo segurado é um fator de avaliação evidente. Os riscos assumidos pela seguradora dependem do nível de cobertura exigido. No mercado de seguros nigeriano, existem basicamente quatro níveis de cobertura para a proteção do seguro automóvel, nomeadamente: apenas legal, apenas de responsabilidade civil, apenas de responsabilidade civil, apenas de incêndio e roubo e cobertura global. As seguradoras oferecem tarifas diferentes para cada nível de cobertura.

O segurado pode solicitar prestações adicionais que ultrapassem a cobertura normal prevista na apólice de seguro. Este pedido dá origem a uma base de cálculo diferente e a seguradora pode cobrar um prémio adicional. Estas prestações suplementares aplicam-se, naturalmente, aos contratos de seguro de responsabilidade civil global ou contra terceiros, incêndio e roubo.

Vantagens adicionais

Os benefícios adicionais disponíveis para o seguro de veículos particulares, veículos comerciais e motociclos são

1. Prestações adicionais para a apólice de veículos automóveis particulares

As prestações complementares são pagas para cada uma das seguintes categorias de prestações complementares:

a. Aumento das coberturas de seguro para o seguro de veículos particulares:

Estas incluem prestações adicionais, tais como a utilização privada para fins profissionais, a extensão das prestações por acidente ou montantes mais elevados para despesas médicas ou tapetes, vestuário e objectos pessoais ou a defesa contra o homicídio involuntário ou a extensão da cobertura total às deslocações ao estrangeiro (extensão da zona geográfica) através da emissão do cartão castanho da CEDEAO. Outras opções incluem a indemnização do condutor pago, o aumento do limite para os danos materiais de terceiros, a extensão da cobertura dos danos causados por terramotos, inundações, tufões, furacões, erupções vulcânicas e outras catástrofes naturais. O segurado pode igualmente solicitar uma redução progressiva da franquia. Este benefício dá-lhe o direito de reduzir a franquia obrigatória num montante de NX na secção global do contrato. A título de exemplo, podem ser previstas as seguintes disposições:

(1)   O segurado paga 2,5 % do montante da franquia
Prémio suplementar de 10 % do prémio acordado coletivamente;

(2)   Para uma franquia de 5 % do capital seguro, paga 7,5 % do prémio de tarifa; e

(3)   Para a franquia de 7,5 % do capital seguro, paga 5 % do prémio de tarifa.

b.   Cobertura adicional à incluída na apólice de seguro automóvel privado:

Estas prestações são geralmente concedidas ao abrigo de apólices separadas de seguradoras especializadas. Tais benefícios não são comuns no mercado nigeriano de seguro automóvel. Os exemplos são

i.   Assistência em caso de avaria;

ii.   Avaria mecânica ou garantia alargada
seguro (que alarga a garantia concedida pelo fabricante do veículo a componentes mecânicos importantes);

iii.   Seguro contra a incapacidade de conduzir ou a incapacidade temporária para o trabalho (oferece aos condutores/segurados incapazes de conduzir subsídios para as despesas de utilização de meios de transporte alternativos ou de aluguer de um condutor);

iv.   Utilização de competições, ralis ou provas;

v.   Serviço de emergência Continental;

vi.   custas judiciais; e

vii.   Seguro complementar (em que a seguradora liquida a perda total com base na indemnização, ou seja, paga o valor de mercado do veículo no momento do sinistro).

2.   Benefício adicional para o seguro de veículos comerciais

O tomador do seguro de um veículo comercial pode receber benefícios adicionais da companhia de seguros se pagar o prémio adicional. Alguns dos benefícios adicionais são

a.   Aumento do limite de responsabilidade por danos materiais;

b.   Responsabilidade jurídica dos passageiros por comportamento negligente;

c.   Indemnização dos condutores assalariados;

d.   Indemnização do cliente (anula a exclusão do seguro)
por responsabilidade contratual para com o cliente nomeado);

e.   Indemnização do locatário por perdas/danos ou responsabilidades resultantes da sua negligência ou da negligência dos seus empregados;

f.   Extensão à quebra de vidros em para-brisas e janelas.

g.   Existem benefícios adicionais pela perda de utilização e perda de valor dos veículos dos transportadores; e

h.   Extensão da cobertura de seguro contra danos causados por perigos, motins e distúrbios civis, bem como terramotos, inundações, tufões, furacões e outros acontecimentos naturais.

3.   Vantagens adicionais do seguro de motociclos

A seguradora cobra um prémio adicional ao segurado que o solicite:

i.   Extensão da cobertura do seguro a outros condutores;

ii.   Acidentes pessoais limitados à morte ou à perda de visão ou de membros; e

iii.   Expansão da utilização do estrangeiro.

Seguro de riscos de veículos automóveis

Os riscos do comércio automóvel podem dizer respeito a veículos particulares, veículos comerciais ou motociclos que são levados para a oficina do proprietário da garagem para reparação ou manutenção. Os riscos do comércio automóvel são os riscos de perda a que estão expostas as pessoas que vendem, alugam, reparam ou guardam veículos automóveis. O vendedor de veículos automóveis pode ter de efetuar um teste de estrada e está exposto a eventuais acidentes em que os utentes da via pública possam ser feridos ou mortos ou em que possam ser causados danos à sua própria propriedade, bem como à responsabilidade perante terceiros. Além disso, em conjunto com os vendedores de veículos, os vendedores e os compradores podem efetuar visitas de demonstração que podem resultar em perdas associadas à utilização de veículos a motor, incluindo o roubo do veículo.

Regra geral, o seguro do proprietário do veículo não cobre o risco de comércio de veículos automóveis, uma vez que o vendedor de veículos automóveis não é legalmente um representante do segurado. A sua responsabilidade decorrente da utilização do veículo não pode ser transferida para o potencial segurado e/ou tomador do seguro. A condução de um veículo de um cliente por um concessionário de veículos automóveis ou pelo seu empregado deve, por conseguinte, ser coberta por uma apólice de seguro emitida para o concessionário de veículos automóveis.

No entanto, a seguradora pode indemnizar o proprietário segurado por danos materiais causados a terceiros pela utilização do veículo segurado por um concessionário de veículos automóveis. Posteriormente, contudo, a seguradora pode exercer o direito de sub-rogação para recuperar o crédito do concessionário de veículos automóveis. Do mesmo modo, no caso de responsabilidade legal por danos ou morte de terceiros causados pelo veículo do concessionário de veículos automóveis, não é a seguradora do proprietário que é responsável, mas a seguradora do concessionário de veículos automóveis. No processo Cooper contra Motor Insurers' Bureau (1982), o Sr. Clifford sofreu um ferimento quando estava a testar uma motocicleta que se revelou defeituosa. Considerou-se que o seguro obrigatório previsto nos Road Traffic Acts (RTAs) não se destina a cobrir os danos pessoais da pessoa que utiliza efetivamente o veículo, mas a cobrir a responsabilidade do utilizador perante terceiros. Isto indica claramente que o concessionário de veículos automóveis deve ter o seu próprio seguro contra perdas ou danos resultantes da utilização do veículo do cliente.

Existem três formas especiais de seguro para os concessionários de veículos automóveis, nomeadamente

a. Seguro de responsabilidade civil automóvel;

b. A política interna de riscos para o comércio automóvel; e c. A política global de riscos para as oficinas de veículos automóveis.

Na Nigéria, apenas o risco rodoviário é classificado de acordo com a tarifa. Relativamente ao risco de garagem, as seguradoras são livres de aplicar qualquer tarifa adequada no âmbito das disposições legais.

Existem três tipos de avaliação do risco rodoviário, nomeadamente o número da matrícula ou o nome do condutor, a média ou o registo de condução e a avaliação por pontos. A tarifa de condução nigeriana apenas prevê o número da matrícula e o nome do condutor. Em ambos os casos, as taxas baseiam-se no número de condutores ou de matrículas utilizados pelo concessionário de veículos automóveis. Quanto maior for o número de condutores ou de matrículas, mais elevado será o prémio.

Desconto no seguro automóvel

Se a taxa de prémio normal tiver sido determinada com base na tabela ou no manual aplicável e a taxa de prémio suplementar for aplicada de acordo com o pedido de prestações adicionais do requerente, podem ser exigidos descontos. Os descontos são reduções de prémio resultantes de determinadas características favoráveis do seguro proposto. Os descontos são principalmente utilizados pelos segurados com um seguro global. O segurado pode obter uma redução do prémio das seguintes formas

a. **Restrição da proibição de conduzir**

Esta caraterística permite que apenas o tomador do seguro ou o tomador do seguro e o seu cônjuge conduzam o veículo privado segurado. Em regra, é concedido um desconto de 10 % sobre o prémio normal.

b. **Desconto por pluralidade ou por frota**

Este desconto é concedido se o tomador do seguro ou os co-segurados tiverem mais do que um veículo segurado na mesma apólice. O desconto é de 10% para os veículos automóveis particulares e de 5% para os veículos comerciais e motociclos.

c. **Desconto de frota**

Trata-se de um desconto especial para os clientes de valor e rentáveis que possuem uma frota de veículos sob a mesma apólice. O número de veículos pode variar entre dez e mais. Se o desconto for concedido, aplica-se automaticamente a cada veículo adicional adicionado à apólice. A ocorrência ou não de um sinistro não tem qualquer influência sobre o desconto. No entanto, se for concedido um desconto de frota para uma apólice, não pode ser concedido simultaneamente um **desconto por ausência de sinistro.** Por conseguinte, a apólice pode ser subscrita com base num desconto de ausência de sinistro ou num desconto de frota. Trata-se de um desconto negociável e é de notar que o tomador do seguro deve comunicar à seguradora os dados de qualquer veículo adicional ou de substituição imediatamente após a compra. Caso contrário, a seguradora não será responsável pela perda ou danos causados a esse veículo, nem pela perda ou danos causados a pessoas em resultado de um acidente causado por ou relacionado com esse veículo adicional ou de substituição.

d. **Desconto especial**

Este desconto é concedido, à discrição da seguradora, aos organismos públicos que tenham celebrado os seus contratos diretamente com a seguradora, sem a intervenção de um intermediário. É comparável a ter o seu próprio desconto (ou seja, o seu próprio intermediário).

e. **Excesso voluntário**

É concedida à pessoa segurada que pode optar por pagar o primeiro Nx de danos no seu próprio veículo. Este montante é pago para além de qualquer franquia obrigatória que já se aplique à secção de cobertura global da apólice.

f. **Bónus de não reclamação**

Trata-se de uma redução do prémio que é concedida ao tomador do seguro aquando da renovação da apólice, se não tiver ocorrido qualquer sinistro durante o período de seguro anterior. No seguro automóvel privado, o desconto por ausência de sinistro (NCD) aumenta com o número de anos de seguro. Isto significa que o prémio líquido de renovação diminui se não tiverem ocorrido sinistros nos anos anteriores. Os prémios de ausência de sinistros são geralmente classificados da seguinte forma

Se tiver sido obtido um desconto de 40% ou 50% e não tiver sido apresentado ou estiver pendente mais do que um pedido no ano seguinte, o desconto será fixado em 20% ou 25%, respetivamente, no momento da renovação.

Para os veículos comerciais, o desconto por ausência de sinistro é de 15 % e para os motociclos de 10 %.

g. **Restrição de utilização**

As seguradoras podem conceder uma pequena redução do prémio se o tomador do seguro optar por limitar a utilização do seu veículo a fins sociais, domésticos e de lazer, ou seja, não o utilizar para fins profissionais.

h. **Desconto de arranque ou inicial**

Alguns segurados que conduzem o seu próprio veículo podem ser classificados como bons porque não têm qualquer condenação por infracções rodoviárias, não tiveram qualquer acidente durante um determinado período e são maiores de idade. Estas pessoas podem beneficiar de uma pequena redução do prémio sob a forma de uma bonificação por ausência de sinistro. [st]O tomador do seguro pode começar com um período ou um segundo bónus de ausência de sinistros.

i. **Utilização de um motociclo com um carro lateral permanentemente ligado**

Algumas seguradoras cobram prémios mais baixos se o tomador do seguro utilizar a sua motocicleta com um carro lateral permanentemente ligado.

Algumas disposições especiais relativas ao seguro automóvel

No âmbito do seguro automóvel, há outras particularidades que devem ser tidas em conta. Entre elas, contam-se as seguintes:

a. **Seguro a curto prazo**

A duração normal de um seguro automóvel é de doze meses antes da sua renovação. Qualquer outro período inferior a doze meses é designado por seguro de curto prazo. As seguradoras aplicam geralmente taxas mais elevadas ou taxas de curto prazo às apólices emitidas ou renovadas por um período inferior a um ano. As mesmas taxas de curto prazo são também utilizadas no cálculo do prémio de resgate das apólices anuladas e não substituídas. As taxas são graduadas em percentagem da taxa anual e variam entre uma semana e oito meses. O tomador de seguro não pode beneficiar de uma bonificação por ausência de sinistro num contrato de curta duração.

b. **Suspensão da cobertura**

A cobertura do seguro é suspensa se o tomador do seguro tiver comunicado por escrito à seguradora a sua intenção de imobilizar o veículo seguro durante um período de, pelo menos, quatro semanas consecutivas. As seguradoras concedem um reembolso do prémio para os veículos imobilizados no montante de uma percentagem do prémio proporcional ao período de suspensão. Os riscos de incêndio e de roubo não são suspensos no caso de um seguro de cobertura total ou de responsabilidade civil com incêndio e roubo. No caso de um seguro de responsabilidade civil ou de ato ilícito, o contrato pode ser totalmente suspenso. O reembolso do prémio é geralmente deduzido do prémio de renovação seguinte, mas algumas seguradoras concedem um reembolso em dinheiro, a pedido. O tomador do seguro que pretenda repor em circulação o veículo suspenso deve devolver o seu certificado de seguro automóvel à sua seguradora, que emitirá um novo certificado.

c.   Mudança de propriedade

O seguro automóvel não é livremente transmissível. Por conseguinte, se um veículo segurado for vendido, a cobertura do seguro não faz parte do contrato. No entanto, se o comprador desejar ceder a apólice existente, a seguradora deve exigir-lhe que preencha um novo formulário de pedido e pode cobrar-lhe uma pequena taxa pela cessão da cobertura, se o pedido for aceite. Posteriormente, a seguradora pode emitir uma nota de cobertura ou um certificado de seguro se todas as circunstâncias forem satisfatórias para a seguradora. Mais uma vez, será emitido um novo certificado de seguro que reflectirá as circunstâncias do novo proprietário, enquanto o antigo certificado de seguro será anulado.

d.   Mudança de utilização

Existem razões para que o tomador do seguro utilize o veículo seguro para um fim diferente do anteriormente indicado. O tomador do seguro deve comunicar esse facto por escrito à seguradora, sob pena de esta poder recusar a responsabilidade em caso de sinistro.

As seguradoras não consideram esta anulação como um dado adquirido. É necessário obter informações e efetuar uma avaliação dos riscos para verificar eventuais intenções fraudulentas. Deve ser preenchido um novo formulário de pedido, emitido um novo certificado de seguro e emitida uma nova apólice com condições e taxas de prémio diferentes.

e.   A atitude da seguradora em relação ao reboque de atrelados e ao reboque de veículos com deficiência

Em geral, as seguradoras consideram que um reboque rebocado pelo veículo particular segurado faz parte do veículo, desde que o reboque, por exemplo, um pequeno automóvel ou uma caravana, esteja dentro da capacidade de tração do veículo. No entanto, não estão cobertos pelo seguro os danos causados ao próprio reboque ou ao seu conteúdo. A seguradora pode alargar a cobertura a esses danos mediante o pagamento de um prémio suplementar.

Muitas seguradoras excluem da cobertura normal do seguro comercial o reboque de um veículo que não seja um veículo desativado com tração mecânica. Assim, se o tomador do seguro pretender rebocar reboques com o seu veículo comercial, pode solicitar a extensão da apólice mediante um prémio adicional. Pode especificar o reboque que pretende segurar ou solicitar a cobertura de reboques não especificados. Se os reboques não forem especificados, a cobertura do seguro só se aplica se for utilizado um reboque com o veículo. Se, pelo contrário, o reboque for especificado, é indiferente o veículo que o reboca e a cobertura do seguro aplica-se tanto quando o reboque está desprendido como quando está atrelado.

Os veículos particulares não foram concebidos para rebocar veículos com deficiência. No caso dos veículos comerciais, as seguradoras aceitam geralmente que o veículo com deficiência atrelado ao veículo trator seja considerado um veículo para efeitos do seguro de responsabilidade civil. Se o tomador do seguro pagar um prémio adicional, a seguradora pode alargar a cobertura dos danos causados ao veículo trator ou ao seu conteúdo.

6. Políticas acordadas

Em geral, as seguradoras pagam a perda do veículo segurado com base no valor de mercado do veículo no momento do sinistro. No entanto, a pedido do segurado, estão dispostas a emitir uma apólice pelo valor acordado se o veículo for tão único que dificilmente possa ser substituído. Por conseguinte, a seguradora pagará o valor convencionado, que pode ser superior ao valor de mercado, se o segurado sofrer uma perda total do veículo em consequência do facto segurado, como é o caso das apólices de responsabilidade civil global ou contra terceiros, incêndio e roubo. Os tribunais decidiram que não é contrário ao princípio da indemnização se o montante da indemnização for acordado no momento da subscrição da apólice e não no momento do sinistro.

7. Passivo contingente

É importante notar que a utilização de um veículo automóvel pode dar origem a responsabilidade se outra pessoa utilizar o veículo em nome do tomador/proprietário do seguro ou se o proprietário não tiver controlo direto sobre a sua utilização, como no caso dos veículos de aluguer ou dos condutores autorizados. Algumas das responsabilidades não estão cobertas ou estão cobertas de forma limitada na apólice automóvel normal, mas mediante o pagamento de um prémio adicional, a seguradora pode alargar a cobertura à responsabilidade eventual prevista. É aconselhável subscrever outro seguro de responsabilidade civil adequado junto da seguradora se a apólice de seguro automóvel não puder cobrir as eventuais responsabilidades eventuais.

SINISTROS DE SEGURO AUTOMÓVEL

Objectivos do capítulo
Depois de ler este capítulo, o leitor ficará a saber

* Conhece a importância dos sinistros de seguros.

* Compreender a necessidade de um departamento de sinistros.

* Conhece as condições de seguro para a regularização dos sinistros do seguro automóvel.

* Ser capaz de discutir o processo de indemnização no seguro automóvel e os princípios básicos da regularização de sinistros.

* Compreender alguns termos-chave associados aos sinistros automóveis, tais como acordos de tratamento de sinistros, declarações de liquidação/satisfação, notas de lançamento e pagamentos de ágio.

Importância dos sinistros de seguros
Um sinistro de seguro surge quando ocorre o acontecimento seguro. Significa que a seguradora é solicitada a pagar o capital seguro ou o seu equivalente devido à ocorrência do acontecimento seguro. Trata-se de um direito do tomador do seguro, que cumpriu as obrigações que dele se esperavam e exige o cumprimento das obrigações por parte da seguradora.

Promessa inscrita na apólice de seguro. Por conseguinte, o segurado ou requerente não tem de ser apologético, compassivo ou supersticioso quando apresenta um pedido de indemnização. Basta seguir o procedimento de apresentação de um pedido de indemnização.

Os acontecimentos que podem dar origem a sinistros no âmbito do seguro automóvel incluem: Ferimentos ou morte, tratamento de emergência, danos em veículos, danos por incêndio no veículo seguro e roubo do veículo. Outros são os danos materiais causados a terceiros, incluindo os danos em veículos automóveis de terceiros, a perda de utilização e outros sinistros no âmbito da cobertura global para veículos particulares, tais como danos pessoais, despesas médicas, danos ou perda de tapetes, vestuário e objectos pessoais no veículo segurado.

Porque é que é necessário um departamento?
Os sinistros de seguros são um tema muito sensível no sector dos seguros. Parece ser o indicador mais valorizado pelos tomadores de seguros aquando da avaliação das companhias de seguros. As razões para este facto são as seguintes:

a.   O contrato de seguro é um contrato simples para o qual ambas as partes devem fornecer uma contrapartida. A contraprestação do segurado consiste no prémio pago no momento da celebração do contrato, enquanto a contraprestação da seguradora consiste na sua promessa de indemnizar o prejuízo em caso de sinistro. Assim, quando ocorre um sinistro, a pessoa lesada, os outros segurados e até os potenciais clientes interessam-se pelas suas observações para saber se a seguradora vai ou não honrar a sua obrigação contratual.

b.   Os fundos nas mãos da seguradora pertencem, em primeiro lugar, a todos os tomadores de seguros, enquanto a seguradora é o fiduciário.

A seguradora é a única responsável pelos fundos de todos os tomadores de seguros e deve, por isso, protegê-los de requerentes fraudulentos.

A maioria das companhias de seguros automóveis reconhece a importância da gestão dos sinistros e, por conseguinte, cria um departamento de sinistros sustentável nas suas instituições. Este departamento assegurará que:-

i.   Oferecem aos requerentes um serviço de reclamações rápido e eficiente.

ii.   As seguradoras indemnizam os tomadores de seguros em conformidade com a cobertura adquirida pelo segurado.

iii.   Apenas os créditos justificados são pagos imediatamente.

iv.   As reclamações de terceiros são corretamente administradas ou resolvidas, protegendo os interesses dos tomadores de seguros.

v.   O fundo de seguro automóvel está protegido contra pagamentos excessivos, fraudes e custos devidos a processos ineficientes de tratamento de sinistros.

Condições de seguro para a regularização de sinistros

Sem receio de repetição, eis as condições de seguro mais específicas para a regularização dos sinistros de veículos automóveis.

(a)   **Condição para a notificação**

Esta condição exige que o tomador do seguro informe imediatamente a seguradora, por escrito, da ocorrência de qualquer acidente, ferimento, perda ou dano, de quaisquer reclamações apresentadas contra ele, de quaisquer procedimentos policiais e judiciais e de quaisquer outros procedimentos legais, tais como inquéritos ou acidentes mortais, pelos quais a seguradora possa ser responsável. Deste modo, a seguradora poderá dar início a investigações numa fase inicial, responsabilizar um terceiro negligente e providenciar o devido salvamento dos destroços.

(b)   **Controlo dos créditos e condições de sub-rogação**

Esta condição conferia à seguradora o direito de negociar em nome do tomador do seguro e de exercer o direito de sub-rogação/recurso contra outras partes, a fim de minimizar as suas perdas potenciais. Esta condição obriga igualmente o tomador do seguro a cooperar com o seu segurador em todos os inquéritos relacionados com o contrato.

(c) Condição para a arbitragem

Esta condição prevê que os litígios entre a seguradora e o tomador do seguro relativamente ao montante da indemnização a pagar pela seguradora sejam submetidos a um árbitro a nomear pelas partes, em conformidade com as disposições legais aplicáveis. A prolação de uma decisão arbitral é também uma condição prévia a qualquer ação judicial contra a seguradora.

A condição de arbitragem prevê igualmente que, se a seguradora negar a responsabilidade ao segurado e este não submeter a questão à arbitragem, em conformidade com as disposições legais aplicáveis, no prazo de doze meses a contar da data da negação da responsabilidade, o sinistro será considerado abandonado em todos os seus aspectos e não poderá ser recuperado junto da seguradora.

(d) Aplicação do limite de compensação

Esta cláusula prevê que o segurado não pode, em caso algum, pagar mais do que o limite de indemnização, nomeadamente o limite de indemnização por danos materiais a terceiros.

(e) Sinistros de danos próprios no âmbito de um seguro de responsabilidade civil global ou de terceiros contra incêndio e roubo

Esta condição permite à seguradora decidir como indemnizar o tomador do seguro. A seguradora pode optar por reparar ou substituir o veículo ou pagar o montante do sinistro em dinheiro. Esta condição permite igualmente que o tomador do seguro inicie pequenas reparações, desde que apresente sem demora um orçamento à seguradora. A condição indica expressamente que o montante máximo a pagar em caso de perda ou dano do veículo do tomador do seguro é o valor de mercado do veículo ou o valor seguro, consoante o que for mais baixo.

(f) Manutenção e ensaios

Esta condição pode permitir que a seguradora negue a sua responsabilidade se o veículo segurado não estiver em condições de circular. A Secção 55(1)-(4) da Lei dos Seguros de 2003 é relevante a este respeito, pois estabelece o seguinte

Num contrato de seguro, o incumprimento de uma condição, quer se trate de uma garantia ou de uma condição, só dá origem a um direito do segurado ou a uma defesa se a condição for material e relevante para o risco ou para o sinistro coberto pelo seguro.

Sem prejuízo de disposições em contrário constantes de leis ou decretos escritos, em caso de violação de uma cláusula

do contrato de seguro, o segurador não tem o direito de recusar o contrato no todo ou em parte, a menos que o incumprimento do contrato ou as reclamações

(a) *a infração constitui uma fraude; ou*

(b)   *Trata-se de uma violação de uma condição fundamental do contacto.*

Se uma condição material de um contrato de seguro for violada e o segurado apresentar um pedido de indemnização contra o segurador sem que este tenha o direito de rescindir o contrato no todo ou em parte, o segurador só indemnizará o segurado até ao limite do prejuízo que teria sofrido se a condição não tivesse sido violada.

A presente secção não impede a seguradora de rejeitar um contrato de seguro devido ao incumprimento de uma condição material antes da ocorrência do risco ou sinistro coberto pelo seguro.

Procedimento de indemnização e princípios de liquidação

O processo de indemnização começa com uma notificação escrita do sinistro à seguradora. Se a notificação incluir um pedido de indemnização, a seguradora emitirá um formulário de pedido de indemnização ao requerente. A emissão de um formulário de sinistro não significa que a responsabilidade seja reconhecida, mas que são solicitadas informações para que a seguradora possa determinar se é ou não responsável e se o tomador do seguro ou outra parte com direito a indemnização é ou não legalmente responsável perante terceiros. O formulário de requerimento informa o requerente sobre a documentação necessária para provar o seu pedido de indemnização. O formulário de pedido de indemnização contém determinados requisitos de informação básicos, tais como

i.   Questões relativas à identificação do tomador do seguro e da apólice;

ii.   Perguntas sobre a identificação do veículo;

iii.   Perguntas sobre a   utilização;

iv.   Questões relacionadas com o   condutor;

v.   Perguntas relacionadas com o   acidente; e

vi.   Uma declaração assinada e datada pelo tomador de seguro/requerente.

A partir do momento em que a seguradora recebe o formulário de sinistro ou acidente devidamente preenchido, deve observar os seguintes rituais não escritos antes de comunicar com o sinistrado. A seguradora deve:
a. Certificar-se de que o sinistro não é fraudulento.

b.   Certifique-se de que a causa direta dos danos está abrangida pelo âmbito de aplicação da apólice.

c.   Determinar que o dano não foi causado por um perigo isento, como um motim ou distúrbio civil.

d.   Confirmar que a apólice estava em vigor no momento do sinistro e que o prémio foi pago.

e.   Verificar as condições do seguro para garantir que não foram violados quaisquer factos materiais.

Quando a seguradora estiver convencida de que o sinistro é justificado, dará início a uma investigação pormenorizada do mesmo. Consoante as circunstâncias e a natureza do sinistro, a seguradora pode recorrer aos serviços de peritos avaliadores, engenheiros consultores, relatórios policiais, investigadores privados e testemunhas oculares. Se a seguradora reconhecer a responsabilidade, deve informar devidamente a pessoa lesada.

A Secção 70(1) - (2) da Lei dos Seguros de 2003 estabelece os prazos para a regularização dos sinistros. Estabelece, entre outras coisas, que *a seguradora* deve

(a)   *Se assumir a responsabilidade, deve regularizar o sinistro o mais tardar* 90 dias *após* a *emissão da Certificado de quitação;*

(b)   *Se um sinistro não for pago* nos termos da *alínea a) supra, o segurado pode solicitar à Comissão (NAICOM) que efectue o pagamento a partir do depósito legal* da *seguradora e a Comissão está autorizada a efetuar* esse *pagamento; ou*

(c)   *Se não reconhecer a responsabilidade, fazer* uma *declaração notificar o requerente ou o seu representante autorizado, por escrito, da razão para a exclusão de responsabilidade, o mais tardar 90 dias após a data em que o requerente submete o seu pedido à seguradora. Qualquer seguradora que infrinja esta secção comete uma infração e é passível, em caso de condenação, de uma multa de N500.000.*

Os documentos necessários para uma regularização rápida do sinistro e a base de regularização em caso de danos globais, danos materiais puros, danos corporais, danos mortais, danos por incêndio e danos por roubo são os seguintes

(a)   Pedido de indemnização próprio

Os seguintes documentos são normalmente exigidos ao segurado para provar a perda ou os danos do veículo:

i.   Formulário de candidatura devidamente preenchido;

ii.   Declaração do condutor sobre o desenrolar do acidente;

iii.   Declaração de testemunhas oculares do acidente (se disponível);

iv.   Orçamento pormenorizado da reparação efectuado por uma oficina de renome;

v.   Certificado de seguro

vi.   Prova de pagamento do prémio, e

vii.   Fotocópia do veículo envolvido no acidente.

Se a seguradora decidir regularizar o sinistro, deve ser tida em conta uma franquia a cargo do segurado para determinar o montante a pagar. Se se tratar de uma reparação e se os trabalhos de reparação contribuírem para melhorar o estado geral do veículo, a seguradora pode exigir que o segurado contribua para os custos de reparação. Esta contribuição é designada por retificação. A **retificação é** a contribuição financeira do segurado durante a fase de regularização do sinistro para garantir que não recebe mais do que a indemnização, por exemplo, para pintar todo o veículo e não apenas a zona danificada.

Em caso de perda total (ou seja, se o veículo estiver tão danificado que já não possa ser reparado de forma económica), as seguradoras indemnizam os segurados pagando o valor de mercado estimado do veículo antes do acidente, desde que este montante seja inferior ao valor indicado nas condições da apólice. Evidentemente, uma seguradora que paga a indemnização com base em sinistros mantém o direito a qualquer valor residual.

No entanto, as seguradoras podem ser obrigadas a substituir um veículo particular por um novo se estiverem reunidas as seguintes condições

viii. O acidente deve ter ocorrido nos seis meses seguintes à nova matrícula. O tomador do seguro deve ser o primeiro proprietário do veículo.

ix. Os custos de reparação devem exceder uma determinada percentagem da lista de preços do fabricante, por exemplo, 60 %.

x. O veículo de substituição é um veículo novo da mesma marca e modelo.

xi. A substituição é efectuada com o consentimento do segurado e de outras partes conhecidas como interessadas.

xii. Se não estiver disponível um veículo de substituição da mesma marca e modelo, a seguradora paga o valor de mercado.

A base para a indemnização das peças obsoletas do veículo é o valor da peça no momento do sinistro, até ao último preço de tabela indicado pelo fabricante para o acessório ou peça. A seguradora pagará, até um determinado montante, a perda ou os danos causados ao equipamento de rádio/comunicação, aos tapetes, ao vestuário e aos objectos pessoais presentes no veículo. No entanto, se o valor destes equipamentos for significativo, as seguradoras estão geralmente dispostas a fornecer uma cobertura completa mediante um prémio adicional, desde que o segurado faça uma declaração nesse sentido.

Em caso de quebra do para-brisas, as seguradoras cobrem o custo da substituição do vidro e das janelas, incluindo o custo da reparação dos arranhões resultantes na carroçaria. Em algumas seguradoras, o desconto por ausência de sinistro (NCD) não é afetado se o vidro for reparado e não substituído. No entanto, algumas seguradoras incluíram na apólice um limite máximo até ao qual o segurado pode apresentar um pedido de indemnização sem perder o desconto por ausência de sinistro. Um sinistro que ultrapasse este limite afectará a franquia existente.

(b) **Apenas danos materiais causados por terceiros**

O terceiro pode sofrer perdas ou danos nos seus bens devido à utilização dos veículos segurados na estrada. Para além dos danos em veículos de terceiros, podem também ocorrer danos noutros bens de terceiros, por exemplo, edifícios, muros de delimitação, cabras, vestuário, postes de eletricidade e vedações.

Os documentos necessários para o tratamento dos danos materiais causados a terceiros incluem: -

1.   Formulário de candidatura devidamente preenchido.

2.   Relatório de sinistro de um terceiro que deve permanecer sem resposta por parte do tomador do seguro.

3.   Se o dano for causado a um veículo automóvel, o terceiro é é necessário um certificado de seguro.

4.   Estimativa do custo das reparações numa oficina de renome.

5.   Estimativas de custos de pelo menos duas empresas idóneas (para danos materiais que não sejam veículos automóveis).

6.   Relatório da polícia (se necessário).

7.   Fotografia dos veículos envolvidos no acidente.

(c)   Danos pessoais a terceiros

Estes sinistros dizem respeito a danos causados a terceiros, nomeadamente a pessoas que se encontrem fora do veículo seguro ou a passageiros transportados a convite do tomador do seguro ou do utilizador do veículo. A pessoa lesada que participa um sinistro deve fornecer à seguradora os seguintes documentos

1.   Pedido devidamente preenchido e datado.

2.   A declaração de crédito de um terceiro na sua forma não respondida.

3.   Relatório do hospital e fatura do médico.

4.   Relatório pormenorizado dos danos, indicando os ferimentos sofridos, a posição relativa dos veículos envolvidos no acidente num esboço e os nomes e endereços de eventuais testemunhas. Isto pode indicar negligência contributiva por parte do terceiro lesado, o que pode melhorar a posição negocial da seguradora e reduzir as indemnizações que tem de pagar.

5.   Relatório da polícia (se for considerado necessário tendo em conta as circunstâncias do acidente).

Com base nas informações fornecidas e nos inquéritos efectuados, a seguradora decidirá se é legalmente responsável. O montante a pagar como indemnização por um dano deve ser suficiente para cobrir os seguintes pedidos: dor e sofrimento, perda de comodidade, desfiguração, perda de esperança de vida e o próprio dano.

(d)   Pedidos de indemnização em caso de morte

Se um terceiro falecer em consequência da utilização do veículo seguro, a seguradora paga uma indemnização aos representantes legais do falecido, desde que sejam apresentados à seguradora os seguintes documentos

1.   Formulário de candidatura devidamente preenchido;

2.   Declaração do representante legal do falecido relativa ao seu

crédito;

3.   Original da certidão de óbito para inspeção   ;

4.   Declaração pormenorizada do condutor sobre o desenrolar do acidente;

5.   Prova da idade do falecido;

6.   Fatura das despesas de funeral; e

7.   Relatório da polícia

(e)   Danos causados por incêndios

Pode acontecer que um veículo segurado seja danificado por um incêndio ou sofra uma perda total. Os sinistros são tratados da mesma forma que os sinistros globais. Os requisitos em matéria de documentação são os mesmos que para um sinistro global, mas a seguradora verificará atentamente se existem provas de fraude ou de um "arranjo" pessoal do incêndio, a fim de reclamar à seguradora o valor segurado. Se a seguradora for responsável, pode substituir o veículo, repará-lo ou regularizá-lo como no caso de uma perda total.

(f)   Sinistros em caso de roubo

O roubo de um veículo ocorre quando alguém tem a intenção de roubar permanentemente o seu veículo ao proprietário. Caso contrário, a tentativa de roubo é designada por "joyride".

O segurado é obrigado a comunicar imediatamente à polícia qualquer dano causado por furto. Esta medida pode levar à recuperação do veículo. Em seguida, deve ser enviado à seguradora um relatório escrito sobre os danos. Se o veículo não for encontrado após uma investigação, a seguradora regularizará o sinistro como perda total. Se o veículo for reencontrado após a regularização do sinistro, a seguradora tem o direito de propriedade sobre o veículo. Caso contrário, o segurado reembolsará o montante da indemnização por perda total à seguradora, a fim de manter a propriedade do veículo recuperado.

Os danos causados por roubo podem ser danos causados por ladrões. Nestes casos, as seguradoras pagam as reparações causadas por roubo ou tentativa de roubo. No seguro automóvel privado, existem pedidos de indemnização por roubo de peças sobresselentes do veículo. No seguro de veículos comerciais, as seguradoras têm frequentemente uma cláusula que exclui a responsabilidade pelos danos causados pelo roubo de rodas, pneus, lâmpadas e acessórios, exceto se o veículo for roubado ao mesmo tempo.

Os documentos/itens necessários antes da regularização dos sinistros de roubo incluem:

1.   Relatório preliminar da polícia;

2.   Formulário de reclamação de furto corretamente preenchido;

3.   Explicação pormenorizada do incidente pelo condutor/segurado;

4.   Original da prova de compra e da fatura;

5.   Folheto/manual de registo;

6.   Carta de condução de veículos atual;

7.   Certificado de seguro atual e original;

8.   Original e duplicado de todas as chaves relevantes, ou seja, chave da ignição, chave da cabina, chave do depósito de gasolina e chave da fechadura do pedal; e

9.   Último relatório da polícia sobre o incidente.

Nota: Se um dos documentos/itens exigidos se tiver extraviado com o veículo, o segurado deve apresentar uma declaração juramentada.

Pedidos de indemnização por acidentes e despesas médicas

Se um segurado tiver subscrito um seguro complementar que inclua prestações por acidentes e despesas médicas, a seguradora é obrigada a pagar por pessoa, de acordo com a tabela de prestações, em caso de ferimento ou morte do titular da apólice, do seu cônjuge ou de outro passageiro não pagante que entre ou saia do veículo segurado. Na tabela, as prestações podem ser divididas em morte, invalidez total permanente, invalidez total parcial e despesas médicas. O montante a pagar em cada caso é específico. No entanto, a seguradora não pode pagar para além das outras condições aplicáveis a este tipo de prestações:

i.   Se a pessoa lesada tiver menos de dezasseis anos e mais de sessenta e cinco anos de idade;

ii.   Se a pessoa lesada trabalhar a tempo inteiro para o tomador do seguro;

iii.   Se a morte ou lesão corporal foi causada por suicídio ou tentativa de suicídio.

Os documentos comprovativos dos pedidos de indemnização por acidente e despesas médicas incluem o formulário de pedido de indemnização devidamente preenchido, os relatórios médicos relevantes, o formulário de pedido de indemnização do requerente com os nomes e endereços das pessoas envolvidas, os dados relativos à idade, o local onde estão ou estiveram a receber tratamento e a certidão de óbito (se necessário).

Direito à perda de utilização

A perda de uso não é normalmente coberta por uma apólice de seguro automóvel emitida na Nigéria. Ao abrigo de uma apólice de responsabilidade civil, um terceiro pode apresentar um pedido de indemnização por perda de uso, por exemplo, o custo do aluguer de outro veículo, enquanto o seu próprio veículo danificado está fora de uso em resultado de um acidente causado por negligência do segurado.

Direito a despesas de reboque

A apólice de seguro automóvel prevê que as despesas razoáveis com a proteção do veículo avariado ou com o seu reboque para uma oficina onde deva ser reparado serão cobertas pela seguradora. São especificados montantes máximos, geralmente uma percentagem dos custos de reparação.

Direito à proteção jurídica

As despesas de justiça efectuadas por terceiros são geralmente cobertas pelo contrato. As seguradoras comprometem-se igualmente a cobrir as despesas incorridas pelos seus segurados, desde que o consentimento prévio da seguradora tenha sido obtido e concedido. No entanto, as seguradoras podem preferir iniciar e conduzir todos os processos judiciais em nome do segurado.

Pagamento de indemnizações

As seguradoras pagam a indemnização se forem responsáveis e se tiverem sido apresentadas provas adequadas do sinistro. A indemnização pode ser paga ao segurado ou ao terceiro reclamante. Se o segurado ou o terceiro reclamante tiver falecido, a indemnização será paga ao seu representante legal. Se o segurado ou o terceiro reclamante falir ou estiver fora de si, a indemnização será paga ao seu representante legal ou a uma pessoa a quem o produto da apólice tenha sido atribuído, por exemplo, a um garagista que tenha efectuado trabalhos de reparação no veículo ou a outra pessoa que tenha sido obrigada a fazê-lo por decisão judicial.

<h3 align="center">Notas de conclusão/satisfação e
certificados de alta</h3>

Quando as seguradoras concordam em regularizar o sinistro, esperam que o requerente assine uma nota que as liberte de qualquer responsabilidade no sinistro em questão. As seguradoras utilizam notas de liquidação ou de satisfação quando lidam com os seus próprios segurados para a regularização de danos nos seus veículos no âmbito de sinistros de terceiros e de perdas totais. A emissão destas notas pela seguradora e a subsequente assinatura pelo sinistrado são importadas:

i. que o requerente aceitou a proposta da Nx de regularizar integralmente todos os pedidos de indemnização apresentados pelo requerente ao abrigo da apólice ou está satisfeito com os trabalhos de reparação efectuados no veículo danificado ou com os artigos substituídos;

ii. que as seguradoras estão isentas de qualquer outra responsabilidade em relação aos sinistros resolvidos;

iii. Que, em caso de perda total, o valor residual passa a ser propriedade da seguradora;

iv. que, em caso de perda total do veículo seguro
que a apólice seja cancelada e que não exista mais nenhuma responsabilidade; e

63

V.   Que a seguradora pode influenciar o pagamento efetivo.

Indemnizações por despedimento
As seguradoras não são obrigadas a satisfazer todos os pedidos de indemnização justificados. Por vezes, por razões muito válidas, não podem assumir a responsabilidade. Nestas circunstâncias, podem decidir efetuar pagamentos com base na boa vontade. Trata-se de um pagamento como gesto de boa vontade, especialmente quando não existe qualquer obrigação legal de o fazer. É o que acontece, por exemplo, quando pretendem manter uma boa imagem em relação ao cumprimento dos pedidos de indemnização, quando estão a lidar com clientes valiosos ou quando estão a agir por compaixão.

Acordo sobre o tratamento dos pedidos de indemnização
Os acordos de regularização de sinistros também podem ser designados por acordos de regularização de sinistros. Trata-se de acordos entre seguradoras envolvidas nos mesmos incidentes ou sinistros para resolverem as questões entre si através de uma fórmula prescrita, em vez de recorrerem à sua posição jurídica ou a um litígio. No entanto, estes acordos não afectam os interesses dos respectivos tomadores de seguros. Pelo contrário, o objetivo destes acordos é acelerar a regularização dos sinistros entre as seguradoras sem ter de recorrer a um processo judicial, a fim de manter os prémios baixos a longo prazo. Exemplos de acordos de regularização de sinistros entre seguradoras automóveis Acordo de "knock-for-knock" e acordo de contribuição de terceiros para sinistros de danos pessoais no seguro de responsabilidade civil automóvel e patronal.

Acordo de "golpe a golpe
Este tipo de acordo é comum entre as seguradoras automóveis. Diz respeito à forma como deve ser regulada a reparação dos danos causados aos veículos automóveis pelos tomadores de seguros das várias seguradoras. O acordo estipula que cada seguradora cobre os custos de reparação do seu próprio veículo segurado, independentemente da responsabilidade. A seguradora não tem em conta a questão da culpa pelo acidente ou pelos danos.

Acordos sobre a participação de terceiros no seguro de responsabilidade civil automóvel e no seguro de responsabilidade civil da entidade patronal
Este tipo de acordo sobre sinistros pode existir entre a seguradora de responsabilidade civil do veículo automóvel e a seguradora de responsabilidade civil da entidade patronal. As seguradoras envolvidas concordam em partilhar equitativamente as indemnizações se um terceiro tiver sofrido danos pessoais devido à negligência do utilizador do veículo automóvel segurado. Se não existir um seguro de responsabilidade civil da entidade patronal, a seguradora de responsabilidade civil automóvel paga naturalmente a totalidade do sinistro sozinha, em conformidade com as disposições contratuais.

COMUNIDADE ECONÓMICA DOS ESTADOS DA ÁFRICA OCIDENTAL (CEDEAO) CARTÃO CASTANHO

Objectivos do capítulo

Depois de ler este capítulo, o leitor irá:

* Conhecem o significado do BROWN CARD da CEDEAO e os objectivos do programa.

* compreender as condições de obtenção de um cartão castanho da CEDEAO.

* Conhece as taxas de prémio aplicáveis ao cartão castanho da CEDEAO.

* ser capaz de discutir a regularização de sinistros no sistema da Carta Castanha da CEDEAO.

* Conhece alguns dos desafios que o programa enfrenta.

Importância do cartão verde da CEDEAO

A Comunidade Económica dos Estados da África Ocidental (CEDEAO) foi fundada em 28 de maio de 1975 com a assinatura de um tratado pelos Estados membros e iniciou os seus trabalhos em julho.

1975, com o objetivo de promover a integração económica e obter benefícios globais para os Estados-Membros através de uma união económica, criando assim um grande bloco comercial único. Os objectivos incluem:

i. Expansão das actividades comerciais entre os Estados-Membros;

ii. Melhorar o nível de vida dos cidadãos dos Estados-Membros;

iii. Possibilitar um fórum para o desenvolvimento social e económico conjunto dos Estados-Membros;

iv. Promover a livre mobilidade dos capitais e dos trabalhadores na sub-região;

v. Criar espaço para um maior grau de especialização e, por conseguinte, um nível mais elevado de produção de bens e serviços;

vi. Posicionar a sub-região para uma posição negocial efectiva face a terceiros; e

vii. Atrair o investimento estrangeiro e manter as divisas através da eliminação do contrabando na região.

Os membros da CEDEAO são a Nigéria, a República do Benim, Cabo Verde, a Costa do Marfim, o Gana, a Gâmbia, a Guiné, a Guiné-Bissau, o Burkina Faso, a Libéria, o Mali, a Mauritânia, o Níger, o Senegal, a Serra Leoa e o Togo. A lei da República Federal da Nigéria (Lei 234 de 1986) prevê a participação da Nigéria no sistema de cartões castanhos da CEDEAO.

Até à data, a CEDEAO tem feito um bom trabalho no cumprimento do seu mandato. Por exemplo, a livre mobilidade da mão de obra entre os Estados membros foi introduzida em maio de 1979; a livre entrada dos cidadãos comunitários sem visto durante noventa dias foi garantida em 1980; as autorizações de residência obrigatórias foram abolidas; os direitos de entrada, de residência e de estabelecimento foram autorizados; o certificado de viagem castanho foi introduzido em 1982; e as formalidades de entrada omnipresentes foram abolidas.

A Carta Castanha da CEDEAO foi introduzida pelo Protocolo A/P1/5/82 em Cotonou, no Benim, em 29 de maio de 1982, e entrou em vigor em 22 de julho de 1986, a fim de alcançar os objectivos da Comunidade, nomeadamente em matéria de livre circulação na região. O sistema da carta castanha da CEDEAO é semelhante à carta verde europeia, que entrou em vigor em 1953, e à carta amarela dos dezanove Estados árabes do Norte de África e do Médio Oriente, que foi introduzida em 1975.

A carta castanha da CEDEAO é um certificado de seguro introduzido pelos países membros da CEDEAO para permitir a livre circulação dos automobilistas na região. Compromete-se a indemnizar os danos acidentais, corporais e mortais resultantes da utilização de veículos automóveis na sub-região, sendo a cobertura do seguro essencialmente constituída por um seguro de responsabilidade civil automóvel.

Os objectivos do regime

Os objectivos do regime incluem: a. Assegurar uma indemnização adequada e rápida às vítimas de acidentes rodoviários pelos danos sofridos em consequência de acidentes causados por condutores não residentes de outros Estados-Membros a nacionais de um país da África Ocidental;

b.   Promover a integração comercial e cultural entre os países da sub-região da África Ocidental;

c.   Facilitar a harmonização das disposições legislativas e regulamentares relativas ao seguro automóvel entre os Estados-Membros;

d.   Facilitar o pagamento de indemnizações aos nacionais que conduzem os seus veículos nos Estados-Membros por acidentes por eles causados e permitir-lhes cumprir as suas obrigações ao abrigo das leis e regulamentos locais pertinentes; e

e.   Desenvolvimento de ligações e intercâmbios internacionais, bem como expansão do mercado de seguros na sub-região.

Funcionalidade do controlo

O objetivo do sistema é cobrir a responsabilidade decorrente da utilização de um veículo automóvel noutros Estados Membros onde o segurado se encontra presente. Para facilitar o funcionamento do sistema, um serviço nacional assume a responsabilidade da seguradora pelo veículo segurado, em conformidade com a legislação do país relativa ao seguro automóvel obrigatório. Este facto simplifica a regularização dos sinistros nas condições para as quais o seguro foi subscrito. A NICON Insurance Plc foi o gabinete nacional na Nigéria até 8 de novembro de 2009, data em que foi transferida para o Gabinete Nigeriano de Seguro de Carta Castanha (CEDEAO), sob o secretariado da Associação Nigeriana de Seguradores (NIA).

Condição prévia para a emissão da carta castanha da CEDEAO
Há três condições importantes que o condutor deve preencher para receber a carta castanha. São elas:

a.   Um automobilista que pretenda obter a "Carta Castanha" deve contactar pessoalmente a sua seguradora automóvel atual ou através do seu corretor de seguros. Por conseguinte, não é possível obter a "carta castanha" junto da seguradora B enquanto o requerente estiver na posse de um certificado de seguro automóvel local emitido pela seguradora A.

b.   Contrariamente ao certificado de seguro automóvel normal, é necessária a assinatura do segurado. O certificado deve ser devidamente assinado pelo requerente ou pelo seu representante autorizado. Esta exigência foi objeto de críticas, tendo sido corrigida com a introdução do cartão eletrónico ECOWAS BROWN CARD.

c.   Uma vez emitido, o Cartão Castanho não pode ser cancelado e o prémio do Cartão Castanho não é reembolsável. Esta é provavelmente a razão pela qual todos os prémios do Cartão Castanho devem ser pagos em dinheiro antes de o cartão ser emitido.

Tarifas de prémio para o cartão castanho
As taxas de prémio são revistas sempre que necessário. As taxas de prémio aplicáveis em 2003 foram as seguintes

1. Automóveis particulares

  a. Cobertura total
    20 % do prémio anual para um mês ou parte de um mês e 30 % do prémio anual para um período superior a um mês e até três meses;

  b. Incêndio e roubo por terceiros
    20 % do prémio anual para um mês ou parte de um mês e 30 % do prémio anual para um período superior a um mês e até três meses;

  c. Apenas responsabilidade civil
    200% do prémio anual durante um mês ou parte de um mês e 300% do prémio anual durante um período superior a um mês, até três meses;

2. Veículos comerciais, motociclos e outros veículos

a.   Cobertura total
    30 % do prémio anual para um mês ou parte de um mês e 60 % do prémio anual para um período mais longo, superior a um mês e até

três meses;

b. Responsabilidade civil, incêndio e roubo
30 % do prémio anual para um mês ou parte de um mês e 60 % do prémio anual para um período mais longo, superior a um mês e até três meses;

c. Apenas responsabilidade civil
200% do prémio anual durante um mês ou parte de um mês e 300% do prémio anual durante um período superior a um mês, até três meses.

De um modo geral, é de referir que:

(i) A duração da cobertura do seguro deve ser limitada a um máximo de três meses. Se o cartão castanho caducar enquanto o titular estiver em trânsito, pode contactar o serviço nacional do país visitado para obter assistência na obtenção do seguro obrigatório necessário ou de qualquer cobertura adicional de que possa necessitar; e

(ii) A apólice "Act-Only" não é considerada, pelo que os titulares de tais apólices podem ter de solicitar um tipo diferente de cobertura se pretenderem viajar para fora da Nigéria para qualquer um dos países membros da CEDEAO.

Liquidação de créditos

O extrato que se segue diz respeito à regularização de créditos no âmbito do sistema da Carta Castanha da CEDEAO. Foi extraído e modificado de um relatório de John A. Kargbo, Secretário Administrativo, Conselho da Mesa, Carta Castanha da CEDEAO, publicado no Jornal WAICA Volume X, 1988.

O governo do Estado-Membro nomeia um gabinete nacional, que é geralmente representado pela companhia de seguros estatal ou pela associação local de seguros. O gabinete nacional é composto por seguradoras que foram devidamente autorizadas pelas autoridades estatais a exercer a atividade seguradora. Um gabinete nacional é simultaneamente

i. um centro emissor, uma vez que é responsável pela impressão dos cartões e pela sua emissão aos seus membros, e

iv. uma agência de regularização de sinistros, uma vez que recebe todos os documentos relativos à regularização de sinistros resultantes de um acidente causado por um condutor segurado junto dos seus membros.

Em caso de acidente suscetível de dar origem a um sinistro, o segurado notifica o Gabinete Nacional do país do acidente que, por sua vez, notifica o Gabinete Nacional que emitiu a Carta Castanha para que esta seja liquidada pela seguradora membro que a emitiu. Assim que um acidente é comunicado (e sem esperar por uma reclamação formal contra o titular da carta castanha), o gabinete efectua a investigação e a avaliação habituais do sinistro, tal como uma seguradora local teria feito se o seu segurado tivesse tido um acidente. O titular da Brown Card pode mesmo contactar a sua seguradora imediatamente após o acidente, se assim o desejar. Nada impede a seguradora de envolver o seu gabinete de contacto no estrangeiro nas negociações ou no processo de regularização. Em todos os casos, o gabinete de regularização negociará em nome da seguradora e fornecerá ao gabinete emissor um relatório completo do acidente, a natureza e a extensão dos danos materiais ou pessoais, apoiados por um relatório médico, e os pormenores das condições de regularização propostas. O montante total dos sinistros por acidente inclui a indemnização a pagar a terceiros, as custas judiciais e outras despesas acessórias, excluindo as despesas de tratamento.

Se o titular de uma carta castanha estiver envolvido num acidente em que os veículos segurados fiquem danificados, pode pedir uma indemnização de uma das seguintes formas

a. O veículo é rebocado para o país do segurado, por exemplo, do Gana para a Nigéria, e levado para uma oficina autorizada para as reparações necessárias. O principal problema deste método é o incómodo associado ao reboque de um veículo acidentado numa longa distância. Em alguns casos, pode não fazer sentido, do ponto de vista económico, escolher esta opção. Por outro lado, o veículo pode sofrer danos mais graves durante o processo de reboque.

b. O tomador do seguro pode mandar reparar o veículo no estrangeiro e apresentar a fatura à sua seguradora no seu próprio país, por exemplo, na Nigéria. Esta opção também tem os seus próprios problemas. Em primeiro lugar, o tomador do seguro tem de pagar a fatura em moeda estrangeira. Se não conseguir obter o dinheiro, não poderá levantar o veículo na oficina no estrangeiro. Em segundo lugar, as seguradoras querem que a fatura seja paga na moeda local. Se o segurado liquidar a fatura numa moeda estrangeira forte e apresentar a fatura à sua seguradora numa moeda estrangeira fraca, haverá muita controvérsia quanto ao facto de o segurado receber uma verdadeira indemnização, dadas as flutuações cambiais. Por último, a integridade da garagem estrangeira pode ser posta em causa pela seguradora. Nesta situação, a regularização do sinistro pode ser atrasada.

Casos de roubo

Se o veículo de um titular de uma carta castanha for roubado no estrangeiro, este vê-se confrontado com os mesmos problemas que existiam antes da introdução do sistema da carta castanha. Isto deve-se ao facto de o acordo técnico em que se baseia a introdução da carta castanha não prever a investigação e a resolução de casos de furto. Por conseguinte, em caso de sinistro, o segurado deve, em primeiro lugar, apresentar uma queixa na esquadra de polícia mais próxima. De seguida, a seguradora deve ser informada. Regra geral, a seguradora escolherá uma das seguintes opções para investigar o sinistro:

a.   A seguradora pode recorrer aos serviços de um detetive privado que se deslocará ao estrangeiro para efetuar todas as investigações necessárias. O relatório do investigador e, provavelmente, também o relatório da polícia estrangeira ajudarão a seguradora a decidir se deve ou não regularizar o sinistro.

b.   A seguradora pode confiar na Interpol para investigar corretamente o caso. O relatório final da Interpol pode demorar algum tempo devido ao protocolo administrativo envolvido.

Do que precede resulta claramente que a existência do sistema da carta castanha não alivia necessariamente de forma integral os problemas dos viajantes internacionais. Uma forma de atenuar o problema é que cada seguradora que participa no sistema nomeie um representante em cada país membro. O ideal é que se trate de uma seguradora que disponha de uma boa rede de escritórios no país em causa. Em contrapartida, representará a seguradora no seu próprio país. Por exemplo, a State Insurance Corporation of Ghana (SICG) poderia nomear a National Insurance Corporation of Liberia (NICOL) como seu representante na Libéria e, em contrapartida, a SICG actuaria como representante da NICOL no Gana. Este tipo de acordo, se for devidamente coordenado, pode ajudar muito os automobilistas. Se ocorrer um sinistro em qualquer país, o segurado contactará o representante local da seguradora original, que investigará o sinistro em nome da seguradora original.

Desafios do sistema

Alguns dos problemas observados na aplicação da carta castanha da CEDEAO são os seguintes

i.   Atrasos na regularização dos sinistros do seguro automóvel entre os diferentes organismos do sistema;

ii.   Liquidação lenta dos sinistros devido a atrasos deliberados das companhias de seguros no processamento das cartas castanhas cujos proprietários vivem longe dos centros de processamento;

iii.   Assédio e detenções frequentemente abusivas e arbitrárias de condutores estrangeiros em certos países da CEDEAO;

iv.   Diferenças nas leis de seguro de responsabilidade civil automóvel e nos regulamentos de indemnização na sub-região;

v.   Litígio constante entre seguradoras sobre a responsabilidade e o montante da indemnização a terceiros;

vi.   Não pagamento da quotização anual por parte de alguns gabinetes nacionais ao Secretariado Permanente;

vii.   falta de recursos para os gabinetes nacionais; e

viii.   Existem falsas cartas castanhas da CEDEAO emitidas por pessoas fraudulentas.

Este desafio recente levou à ideia de emitir e implementar um cartão castanho eletrónico da CEDEAO, também conhecido como cartão castanho de segurança da CEDEAO. O certificado eletrónico pode ser verificado eletronicamente para confirmar a originalidade do documento.

REFERÊNCIAS

Agu, K. C. (2001). *Nota de aula sobre seguros automóveis.* Departamento de Seguros e Gestão de Riscos, Faculdade de Ciências de Gestão; Universidade Estatal de Ciência e Tecnologia de Enugu, Enugu.

Ellis, R. & Mitchell, D. (1987). *Motor Insurance: Study Course 080 (Seguro Automóvel: Curso de Estudo 080).* The Chartered Insurance Institute of London Tuition Service. The Burlington Press (Cambridge) Limited Foxton, Cambridge.

Lei dos Seguros de 2003

Universal Insurance Plc Manual de Seguro Automóvel.

Manual de seguro automóvel da NICON Insurance Plc.

Lei sobre a Comissão Nacional de Seguros de 1997.

PERGUNTAS DE REVISÃO

Chapter 1: Introdução aos seguros

1. Definir a atividade de seguro automóvel.

2. Explicar a importância e o âmbito do seguro automóvel.

3. Explicar as coberturas de seguro automóvel disponíveis no mercado de seguros nigeriano.

4. Explicar pelo menos dez aspectos importantes do seguro automóvel numa economia.

5. Uma tentativa de descrever a evolução histórica do seguro automóvel na Nigéria.

6. Em que circunstâncias pode ser estabelecido um interesse segurável no seguro automóvel?

Chapter 2: Legislação em matéria de seguro automóvel na Nigéria

1. A arte da legislação é contínua. Discutir.

2. Explicar o impacto das seguintes leis na prática do negócio dos seguros automóveis na Nigéria: (i) Lei dos Transportes de 1978 (ii) Lei da Reforma Legislativa (Disposições Diversas) de 1934 (iii) Lei da Reforma Legislativa (Marido e Mulher) de 1962 (iv) Lei do Roubo de 1968 (v) Lei da Reabilitação dos Delinquentes de 1974

3. A Subsecção 3(1) da Lei de 1950 sobre Veículos a Motor (Seguro de Terceiros) considera uma infração utilizar, fazer com que outra pessoa utilize ou permitir que outra pessoa utilize um veículo a motor numa estrada principal sem seguro de terceiros ou garantia em vez de seguro. Indique cinco utilizações de veículos a motor que estão isentas desta disposição da lei.

4. O terceiro tem direito de ação contra a seguradora automóvel para a obrigar a pronunciar-se sobre a responsabilidade que deve estar coberta pela apólice? Discuta esta questão com base em provas.

5. O terceiro tem um direito de ação direta contra a seguradora automóvel para a obrigar a proferir uma sentença relativa a uma responsabilidade que, embora coberta pela apólice, não tem necessariamente de ser coberta pela apólice? Discuta esta questão com base em provas.

6. Destacar oito domínios As restrições ao âmbito do seguro de responsabilidade civil automóvel que cobrem riscos de terceiros são inválidas.

7. Quais são os recursos legais disponíveis para as pessoas que foram feridas na sequência de um atropelamento e fuga?

8. Para que fins deve ser utilizado o Fundo de Segurança e Desenvolvimento criado pela Lei da Comissão Nacional de Seguros de 1997?

Chapter 3: ee: Documentos de seguro automóvel I

1. O que é um formulário de proposta?

2. Nas situações em que os formulários de candidatura são utilizados para obter informações de potenciais tomadores de seguros, devem ser salientadas as implicações legais ao abrigo da secção 54 da Lei dos Seguros de 2003.

3. Discutir as possíveis utilizações do formulário de proposta.

4. Descrever e discutir as perguntas mais comuns colocadas num formulário de pedido de seguro automóvel privado.

5. O que significa a secção "Declaração" de um formulário de candidatura?

6. O que é uma carta de apresentação?

7. Qual é o objetivo das cartas de apresentação?

8. Se um potencial tomador de seguro não tiver preenchido um formulário de candidatura, comentar a validade e fiabilidade de uma nota de cobertura que lhe foi emitida pela seguradora automóvel.

9. O que é um certificado de seguro? Quais são os conteúdos e as importações do certificado de seguro?

10. O que é que se entende por certificado de seguro em branco?

Chapter 4: r: Documentos de seguro automóvel II

1. O que quer dizer com o formulário de seguro automóvel?

2. Indicar claramente as exclusões gerais na apólice de seguro automóvel.

3. Quais são as disposições mais importantes das três secções do seguro automóvel privado?

4. Indique as duas responsabilidades que não têm de ser cobertas pelo seguro de responsabilidade civil automóvel e as condições em que ambas podem ser cobertas.

5. Explicar e discutir algumas das "franquias" aplicáveis ao abrigo do seguro automóvel privado em caso de perda ou dano.

6. Que grupos de pessoas estão segurados no âmbito do seguro de responsabilidade civil de um seguro automóvel particular?

7. Discutir as disposições da apólice de seguro automóvel.

8. Descreva e discuta cinco cláusulas comuns nas apólices de veículos automóveis.

9. Explicar a natureza das condições do seguro automóvel.

10. Descreva e discuta quinze condições comuns que estão normalmente incluídas nas apólices de seguro automóvel.

11. Os danos não segurados podem ser reclamados ao abrigo do seguro automóvel. Ao abrigo de que apólice? Explicar a cobertura prevista na cláusula relevante da apólice em causa.

Chapter 5: e: Seguro automóvel: subscrição e classificação

1. O que entende por subscrição no seguro automóvel?

2. Quais são os pontos-chave da gestão dos riscos para as seguradoras e os tomadores de seguros, nomeadamente no que se refere à avaliação dos riscos automóveis?

3. Ao subscrever um seguro automóvel, deve distinguir entre novos negócios e negócios de renovação.

4. Explicar cinco medidas de subscrição do seguro automóvel.

5. Consultar o processo de subscrição do seguro automóvel para as novas empresas.

6. Consultar o procedimento de subscrição para a renovação do seguro automóvel das empresas.

7. O que é um prémio de seguro?

8. Discutir as duas categorias de fixação de prémios no sector nigeriano dos seguros automóveis.

9. Indique e discuta as três principais áreas de informação necessárias para determinar o prémio a pagar pelo seguro automóvel.

10. Destacar os benefícios adicionais disponíveis para o seguro automóvel privado.

11. Destacando os benefícios adicionais disponíveis para o seguro automóvel comercial.

12. Qual é o significado da "franquia" no seguro automóvel?

13. Se um tomador de seguro automóvel pretender converter o seu seguro de responsabilidade civil num seguro com cobertura total antes do termo do seguro de responsabilidade civil, que medidas devem ser tomadas junto da companhia de seguros?

14. Tomar nota do seguinte: (i) Seguro de curta duração (ii) Suspensão da cobertura (iii) Mudança de propriedade do veículo a motor (iv) Apólices acordadas (v) Mudança de utilização do veículo a motor (vi) Responsabilidade contingente na utilização do veículo a motor.

15. Qual é a posição das seguradoras no domínio dos seguros de veículos comerciais no que respeita ao reboque de reboques e ao reboque de veículos com deficiência?

Chapter 6: Indemnizações do seguro automóvel

1. O que se entende por sinistros do seguro automóvel?

2. Qual é o significado dos requisitos para um departamento de sinistros numa companhia de seguros?

3. Quais são as tarefas prováveis de um departamento de sinistros numa companhia de seguros?

4. Descrever e discutir seis condições de seguro para a regularização dos sinistros

do seguro automóvel.

5. O que é um formulário de sinistro? Que informações básicas devem constar de um formulário de pedido de indemnização do seguro automóvel?

6. O que significa "melhoria" na gestão dos sinistros do seguro automóvel?

7. O termo "prémio" tem dois significados diferentes no seguro automóvel. Especifique-os.

8. Que condições devem estar reunidas para que um veículo danificado seja substituído pela seguradora por um novo?

9. Explicar os princípios básicos da regularização dos sinistros de roubo e morte no seguro automóvel.

10. Toma nota dos seguintes pontos:

(i) Notas de conclusão/satisfação e certificados de alta

(ii) Indemnizações (iii) Acordos sobre o tratamento dos pedidos de indemnização

11. Em que base é que as seguradoras de veículos automóveis liquidam os seguintes custos? (i) Peças obsoletas

(11) Dispositivos de rádio/comunicação (iii) Quebra do para-brisas.

Chapter 7: pt:
Cartão castanho da Comunidade Económica dos Estados da África Ocidental (CEDEAO)

1. O que é a carta castanha da CEDEAO?

2. Explicação das condições de obtenção do cartão castanho da CEDEAO.

3. Discussão do procedimento de regularização dos créditos resultantes do funcionamento da carta castanha da CEDEAO.

4. Cite e discuta oito desafios que a Carta Castanha da CEDEAO enfrenta.

Índice

I want morebooks!

Buy your books fast and straightforward online - at one of world's fastest growing online book stores! Environmentally sound due to Print-on-Demand technologies.

Buy your books online at
www.morebooks.shop

Compre os seus livros mais rápido e diretamente na internet, em uma das livrarias on-line com o maior crescimento no mundo! Produção que protege o meio ambiente através das tecnologias de impressão sob demanda.

Compre os seus livros on-line em
www.morebooks.shop

Printed by Books on Demand GmbH, Norderstedt / Germany